SHODENSHA
SHINSHO

日本百名山
山の名はこうしてついた

楠原佑介

祥伝社新書

山麓から仰《あお》ぎ見る峰々――〈まえがき〉に代えて

地形図というものを初めて目にしたのは、たしか小学三年生の春だった。春休みに入った翌日、翌年度の教科書販売日に副教材が何種類か並べてあった。その中に「児島郡市総合図」といったタイトルの美麗な地図があった。たしか倉敷市の教材会社か印刷会社が作成したもので、五万分一図四枚を一枚に集成し、山地は高度別、平地・耕地は土地利用別に彩色した美しい地図だった。

後知恵になるが、当時の地理調査所の複製許可を受けているのかどうか、小学生の私は無頓着だった。以後、この地図が私の二四時間、いや起きている時間だけだが、必携の〝愛読書〟となった。実際の五万分一図は中学二年のとき、吉備《きび》高原の鍾乳洞探訪と化石採掘のバス旅行のとき、関連する図幅を三、四枚、岡山駅近くの地図専門店で購入した。

鍾乳洞内では地形図は何の役にも立たなかったが、ドリーネなどカルスト地形の所在はよく分かった。一学年の先生と生徒の中で、地形図を持参したのは私だけで、面目を施した。

それよりも何よりも、私は春の花見（古代からの国見儀礼の名残り）やムラ（大字）内に三〇数カ所あった溜池での野ブナ釣りにも秋のムラヤマ（大字共有林）でのマツタケ狩り、冬場の飼い兎用の餌草採り（弟の分と二尾分）のときにも、いつも必ず八つ折りにした五万分一集成図を身に着けて歩いた。

夕食後、今日歩いたコースを「あの峠を越えて……谷間の向こうのあたり……」と説明しかけると、「おう、あの辺はヌクモリじゃあ」と字名を教えてくれた。意味を問うと、「ヌクモリは〝温《ぬく》い森〟じゃろ」の答えに対し、「いや、北西の風が吹き付けてちっとも温くなかった」と、逆らってみる。――それが私の『昆虫記』ならぬ『地名誌』であり、『山名誌』であった。

ただし、登山家になる道には、みごとに失敗した。私は昭和三五年（一九六〇）に大学に入学した。御存知、第一次安保闘争のさなかであった。当然のように毎日、街頭デモに繰り出した。と、どこからか、「この大学で優秀な学生は、山に登っているか、街頭でデモをやってるか、どっちかだ」という声が聞こえてきた。噂では、大学院を私の入学より二年前に卒業し、大手マスコミに入社した著名ジャーナリスト氏の〝天の声〟だった。

大学には失望した。教師も先輩連も、狭い塔の中で権力・利権まみれの地位争い、そしてあろうことか、今なら摘発必至のセクハラ・パワハラ騒動、何たる醜態か！喝！　恥ずかしながら、六年かけて卒業したのは、東京の某私大では「中退」の肩書のほうが「卒業」よりも通用するらしいが、私の籍を置いた大学ではそんな器用な技は不可能だったからだ。

そして、六年かけてやっとこさ卒業し、中堅出版社に入社したが、生来の狷介《けんかい》な癖《へき》は如何ともしがたく、四年半で退社を余儀なくされてしまった。辛うじて幼時から手掛けてきた「地名」をか細い〝蜘蛛の糸〟とこころえ、手探りで生きてきた。

蜘蛛の糸から降りてきた宝物が、『地名の成立ち』（山口恵一郎著、楠原編集、昭和四三年、徳間書店刊）であり、『地図をつくる』（旧参謀本部地形科ＯＢ有志共著、楠原編集、新人物往来社刊、昭和五三年）、『地名関係文献解題事典』（鏡味・桜井・楠原共編、同朋舎、昭和五六年）だった。そして『日本の山の名』（地名資料・情報センター発行、昭和六二年）をまとめ、マスコミ各社ほか各方面に無償配布した。

地名に対する私の基本姿勢は幼時から一貫して、山の名といえども、日本の地名の一分野である、というに尽きる。そして、日本の地名である限り、各時代にこの日本列島に住んだ日本人が命名したものであり、領主・大名などが上から命名したものはない、あったとしても、それは地名としては二級品に過ぎない、と言ってきた。同様に山名の場合も、登山家自身が山の上から一望して命名したものはない、と申し上げておく。

地元の庶民が、生きてゆく必要に迫られて山名は生まれてきた。本書は、このような私自身の心情・信念に基づいて書いた。登山家諸氏にとっては、本書の文章にはとうてい賛同しがたい部分も多々あり、と思う。ならば、論争しましょう。それが、日本における地名・山名研究に資すること、とひたすら信じる。

なお、「深田百名山」中、私が登頂したのは、富士山（高校二年）、大山（大学入学の夏）、開聞岳（大学三年）、美ヶ原（三四歳）だけである、と告白しておく。

平成二九年一〇月

地名情報資料室・地名一一〇番地　楠原佑介《くすはらゆうすけ》

目次

カット画作成・船生 剛

001

利尻岳

りしりだけ

標高一七二一m
〈地形図名〉利尻山《りしりざん》
〈別称〉利尻富士

①利尻岳

第四紀更新世《こうしんせい》（二〇〇万年前）から完新世《かんしんせい》（一万年前〜）に噴出した比較的新しい火山島で、成層火山ながら風雪によって山腹は激しく浸食され、険《けわ》しい。アイヌ民族出身の言語学者の知里真志保《ちりましほ》が著した『地名アイヌ語小辞典』（一九五六年）によれば、語源はアイヌ語ri-sir-i「高い土地」で高山・高島などをいい、「海上から見て山アテになるような島山」と付記する。北海道本島から一八kmの海上に聳《そび》える島山は、まさにその名にふさわしい。なお「山アテ」とは、古来、航海者や漁民が沖合から複数の方向で、陸地の山々や構造物の重なり具合などで自分の位置を確定する方法で、私の郷里では「山だて」という。

002

羅臼岳

らうすだけ

標高一六六一m
〈アイヌ語名〉チャチャヌプリ（「古老山」の意）
〈別称〉知床富士

②羅臼岳

オホーツク海と根室《ねむろ》海峡を分けて北東に約七〇km突き出た知床《しれとこ》半島の中央部に噴出した成層火山だが、山頂が溶岩円頂丘状を呈しているのが特徴的。

現在の羅臼市街付近は江戸時代には無住の地で、港湾整備が進み、漁港として発展したのは昭和初期以降のことだったという。

アイヌ語 ra は「低い」意、usi は「場所」を示す接尾語であり、地名ラウスは羅臼川中流の羅臼温泉あたりにつけられたものか。

昭和一〇年代、羅臼岳南麓を流れる羅臼川はしばしば氾濫、一帯は何度も水没したというからまさに「低い土地」だった。

003

斜里岳

しゃりだけ

標高一五四七m
〈別称〉舎利岳
〈アイヌ語名〉オンネプリ（「大山」の意味）

③斜里岳

成層火山だが、頂部に玄武岩《げんぶ》の溶岩ドームが載っている点、羅臼岳と同様である。

山名は、北麓一帯の広域称を採った二次的呼称。現・斜里町中心部一帯は、江戸期ははじめ西蝦夷地ソウヤ場所のうち（渡島《おしま》半島西岸の日本海とオホーツク海沿岸が西蝦夷地、津軽海峡・太平洋沿岸が東蝦夷地）、のち寛政《かんせい》二年（一七九〇）からはシャリ場所の名として記録される。

明治二年八月一五日、蝦夷地を「北海道」と改称、同時に北見《きたみ》国斜里郡が設置される。

004

阿寒岳

あかんだけ

総称　最高所は雌阿寒岳（標高一四九九ｍ）
雄阿寒岳（標高一三七〇ｍ）　阿寒富士（標高一四七六ｍ）

④雌阿寒岳と阿寒富士

釧路支庁北部、阿寒カルデラ内の中央火口丘が雄阿寒岳（アイヌ語山名はピンネシリ）、雌阿寒岳（アイヌ語山名マチネシリ）はカルデラ外輪山西部の十勝支庁との境に噴出。双方の山頂は約一五km離れているが、マリモで名高い火口原湖の阿寒湖のすぐ東にそそり立つのが雄阿寒岳で、その東麓には堰止湖のパンケトゥー・ペンケトゥーがある。

深田が阿寒を訪れた昭和三四年夏、雌阿寒岳は噴火中で立ち入り禁止であったため、雄阿寒岳だけに登った。樋口一郎『新釈日本百名山』は、連嶺でもなく成因も噴火時期も異なるこの二つの火山を一つの山として扱うことに強い疑問を呈している。

アイヌ語アカンの語源については、釧路川に旧阿寒側が合流する地点をラカン・プッ（ウグイの産卵場の入り口）と呼んでいたのを、和人がアカンと聞き誤ったものという（ＮＨＫ北海道本部『北海道地名誌』北海道教育評論社、昭和五〇年）。つまり、アカンは山岳系の語ではなく、河川関連の地名だったわけである。

005

大雪山

たいせつざん

総称　最高所は旭岳（標高二二九一ｍ）

北鎮岳（標高二二四四ｍ）　白雲岳（標高二二三〇ｍ）　後旭岳（標高二二一六ｍ）　熊ヶ岳（標高二二一〇ｍ）　比布岳（標高二一九七ｍ）　間宮岳（標高二一八五ｍ）　荒井岳（標高二一八〇ｍ）　小泉岳（標高二一五八ｍ）　北海岳（標高二一四九ｍ）　鋸岳（標高二一四二ｍ）

〈別訓〉だいせつざん

〈アイヌ語名〉ヌタプカウシベ（「川の曲流点の上の山」の意）

⑤大雪山（旭岳）

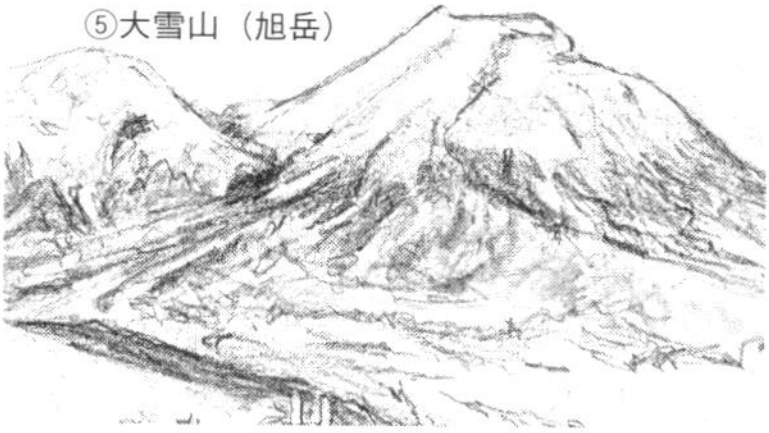

北海道の中央部、上川・網走・十勝の三支庁管内にまたがる山岳地帯。二〇以上の火山が密集するが、火山活動初期に大型のカルデラが形成され、火口原内や外輪山に多くの寄生火山が噴出した。その間に高根ヶ原・五色ヶ原・沼ノ原など数多くの池塘《ちとう》が点在する高層湿原が形成され、山腹には層雲峡・天人峡などの峡谷が刻む。

大雪中心部　５万分１「大雪山」（平成元年修正）

昭和三五年（一九六〇）九月、五八歳の深田久弥は、大雪山の旭岳ほかに登っている。勇《ゆ》駒別《こまんべつ》温泉から入山、旭岳―愛山渓―永山岳―安足間岳―比布岳―鋸岳―黒岳―烏帽子岳―赤岳―北鎮岳と辿っている（ヤマケイ文庫『深田久弥選集　百名山紀行　上』二〇一五年）。

深田久弥は、この紀行文中で、「大雪山、というより、ヌタプカウシペと呼んだ方が、個性的であり、北海道の山らしい」と述べるが、『日本百名山』の本文の項の末尾では、桂月《けいげつ》岳・間宮《まみや》岳・松田《まつだ》岳・小泉《こいずみ》岳など、アイヌ文化圏を荒らし回った〝探検家・侵略行政官〟の名を採った新山名を注釈なしに紹介している。

私は、北海道に残るアイヌ文化は極力保存

し、復活すべし、と主張する。だが、本州以南のエミシ族とその文化について、アイヌ民族出身の人たちやその〝保護者〟らが、「これもまたアイヌ文化」と主張するのには、とても賛同できない。

山名いろいろコラム❶　アイヌ語山名語尾ヌプリnupuriは和語か？

伊豆半島・天城《あまぎ》火山の寄生火山に登《のぼ》り尾《お》（標高一〇五七ｍ）があり、ほかに西日本にも同系の山名がある。埼玉県鴻巣《こうのす》市・同越谷《こしがや》市、神奈川県川崎市多摩区の登戸《のぼりと》ほか、全国各地に「登」という用字でノボリと読む地名が点在する。

これら本州以南の「登」地名について、アイヌ語で「山頂」をいうヌプリと断定する説が後を絶たない。しかし、西日本各地にも点在するから、アイヌ語説は不適当だ。

和語の動詞ノボル（登）とアイヌ語山名語尾ヌプリ（nupri）は類義ではある。和人（弥生人とその末裔）とアイヌ人が濃密に接触する前から双方で類似の言葉を使っていた可能性もありうる（東アジア共通祖語）。しかし多くの類例から見て、また使用人口の多さなどから見て、和語起源と見るのが妥当であろう。

なお温泉で名高い北海道登別市の名は、松浦武四郎『初航蝦夷日誌』にはnupur（色が濃い）・ベツ（川）とあり、「此川巾十五間斗……水黄白にし甚濁り」と記す。泉源から硫黄分を含む温泉が混入していたのだろう。

006

トムラウシ

標高二一四一m
〈地形図三角点名〉「富良牛」

大雪山の火山群と十勝《とかち》岳火山列の中間に噴出した火山で、北海道にはいくつかあるが、安山《あんざん》岩の溶岩台地の上に玄武岩の溶岩ドームが載った山容がユニーク。

⑥トムラウシ

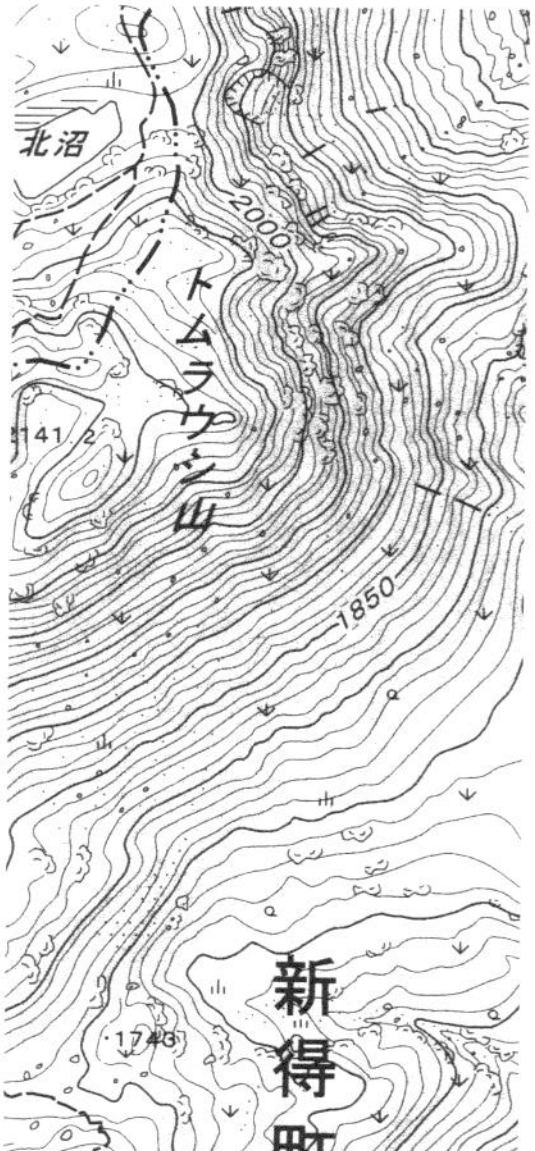

トムラウシ
2.5万分地形図「トムラウシ」平成27年

十勝川の源流をなすトムラウシ川・ヌプントムラウシ川・ポントムラウシ川・ユウトムラウシ川などがこの山の東〜南腹から流れ出ており、山腹には硫黄泉《いおうせん》のトムラウシ温泉などが湧出することから、トンラ　ウシ（水垢の多い）と呼ばれた、という。

007

十勝岳

とかちだけ

標高二〇七七m

美瑛岳から富良野岳まで連なる十勝火山群の主峰

⑦十勝岳

十勝火山群は、上川《かみかわ》支庁空知《そらち》郡上富良野《かみふらの》町と十勝支庁上川郡新得《しんとく》町の境に約九kmにわたり連なる。約五〇〇万～二〇〇万年前から活動を開始したとされ、近年に至るまで盛んに噴火活動を続けた。結果、大小のカルデラはじめ、さまざまな火山地形が形成されている。

トカチという地名は元禄《げんろく》一三年（一七〇〇）の「松前島郷帳」には東蝦夷地トカチ場

所の名が記されているが、このトカチは現在の十勝川河口左岸から現・大樹《たいき》町の歴舟《れきふね》川下流域あたりらしく、アイヌ語トカプチで「沼のあたり、枯るる所」説が正解か。

このトカチ場所の推定位置と十勝岳は約一〇〇kmも離れており、山名は明治二年の北海道一一国の制定以降に命名されたものらしい。

008

幌尻岳

ぽろしりだけ

標高二〇五二m
〈別称〉日高幌尻岳（道内の同名の二山と区別して）
〈別訓〉ほろしりだけ

日高山脈の最高峰で、同山脈北部の新冠《にいかつぷ》川源流部に位置する。氷食地形が発達、山頂北側直下の北カール、東腹の七つ沼カールで知られる。アイヌ語poroは「大きい」、sir-iは「土地・所・山」で、「大きな山」のこと。

⑧幌尻岳

009

後方羊蹄山 しりべしやま

標高一八九八m
〈地形図名〉羊蹄山《ようていざん》
〈アイヌ語名〉マツネシリ（「女山」）、マツカリベツヌプリ

一級河川・尻別《しりべつ》川支流の真狩《まつかり》川流域に点在する尻別岳・轆負《そりおい》岳・昆布《こんぶ》岳などとともに羊蹄《ようてい》火山群をなす。「後方羊蹄《しりべし》」は『日本書紀』斉明《さいめい》紀に見える地名で、安倍比羅夫《あべのひらふ》が蝦夷を討ち、「後方羊蹄をもって政所とすべし」としたとある。

この「後方羊蹄」は津軽《つがる》の岩木《いわき》川河口とも秋田の雄物《おもの》川河口付近とする説もあり、確定されていない。

明治二年七月、北海道一一国制定のさい、尻別川との類音の関係から「後志国」を設置した。「後方羊蹄山」・「羊蹄山」の名はそれ以後の命名になるのだろうか。

ヨット愛好家で高校の一年後輩から、興味深いご教示があった。江戸後期の国学者・旅行家だった菅江真澄《すがえますみ》の「蝦夷迺天布利《えぞのてぶり》」に後志羊蹄山の錯誤に関する記事が載

っている、という（平凡社『東洋文庫68　菅江真澄遊覧記2』所収）。

菅江真澄は三河の人、天明三年（一七八三）二月から遊歴の旅に出、信濃路・越後路・出羽から陸奥を経て出羽国秋田で藩内各郡の地誌編纂業務に従事した。

菅江真澄は膨大な量の『遊覧記』を刊行し、浄書した冊子を順次、秋田藩校に寄贈したが、蝦夷地の『蝦夷迺天布利』は寛政三年（一七九一）に寄贈している。

菅江真澄が洞爺湖を訪れた年月は定かではないが、その岸から後志羊蹄山が見えた。この岳を地元のアヰノはマカルベツノ・ノボリと呼んでいるのに、和人がシリベツというのは尻別岳（標高一一〇七ｍ）と見間違ったのである…云々、という話を記録している。つまり、一八世紀の末ごろには、蝦夷地に住む和人は阿倍比羅夫の故事を知っており、そのシリベシの名を実際に存在する尻別岳と混同し、それをより立派な山容のマカルベツノ・ノボリのほうに誤比定してしまった、ということになる。

ところで話は前後するが、安倍比羅夫のシリベシに「後志羊蹄」の漢字四文字を宛てるのは、なぜだろう。この四文字はすでに『日本書紀』斉明紀五年の阿倍比羅夫の記事に出ているが、深田久弥はこの件について詳しく考証している。「後志」の漢字二文字は実はシリベシのシリベの三音に宛てたもので、語尾のシに対する文字は「羊蹄」の二文字で、この二文字を「シ」一音で読む例は『万葉集』にもあるという。さらに、日本語では古くタデ科のギシギシを一音でシと称したので、シリベシのシに「羊蹄」の漢字二字を宛てたのだという。

だから深田久弥は、『百名山』のこの項で、「この山を単に羊蹄《ようてい》山と略して呼ぶことに私は強く反対する」と、強調するのである。

私はもちろん、深田の主張に賛同する。しかし、これまで見てきたように、この山名を「羊蹄」と書き、「ようてい」と読むこと以上に、歴史誤認（の可能性）があり、地名の誤比定（シリベシと尻別の混同）と三つも間違いを重ねている（可能性が高い）。これはもう、「後志羊蹄」も「羊蹄」も捨てて、元のマカルベツノ・ノボリかマッカリベツヌプリに戻すしかないのではないか。

010

岩木山

いわきさん

標高一六二五m
〈別称〉津軽富士・岩城山・巌城山

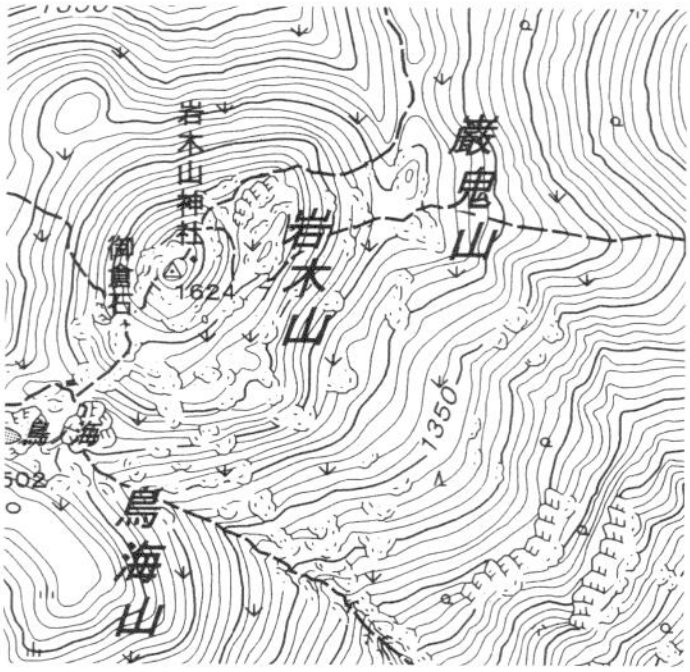

岩本山　2.5 万分「岩本山」

第四紀更新世（約二〇〇万年〜一万年前）に噴火した火山。山頂には長径六〇〇m・短径三〇〇m・深さ一〇〇mの爆裂《ばくれつ》火口があり、北側火口壁のピークを岩鬼山《がんきさん》、南西側を鳥海山《ちょうかいさん》と呼び、中央火口丘に当たるのが岩木山である。なお、成層火山の山頂にはほとんどすべて爆裂火口が開口するが、学術上は直径二km以下のものはカルデラとは呼ばない。

北に津軽平野、南に白神《しらかみ》山地を一望する孤立峰で、かつてコニーデと分類された富士山型の成層火山は、古くから地元民の尊崇の対象となり、今でも信仰登山が盛ん。

山名いろいろコラム❷

火山の山名語尾にキ（連濁でギ、木・城）が付く例が多いのはなぜ？

北から岩木山（青森県）・赤城山（群馬県）・天城山（静岡県）など、山名語尾（および山名の語幹）にはキ・ギが付くものが少なくない。二万五〇〇〇分一図では現在、山名の総数は一万八〇〇〇ほどあるが、その中には「〜キ・ギ」系の山名が相当ある。

なぜ、そうなるのか。山とは、平地から天空に向かって聳《そび》えるものである。これは、動物の牙《きば》も鋭角で立っている点、同じ構図である。

山は地図記号では△で表わすが、植物の特に針葉樹は△（の下にタテ棒が付いた形）になる。つまり、日本人は地図記号などがないはるかな古代から、動物の牙も山も樹木も、相似形であることを知っていたわけである。

なお、「城」をキと読むのは名のり訓《くん》だが、漢字の「城」には動詞で「築く」意があり、その頭音を採ったものか。中国の城は平野の中の都市を城壁で囲ったものだが、日本の城は天智《てんじ》天皇二年（六六三）、倭《わ》・百済《くだら》軍が白村江《はくそんこう》で大敗、北九州や瀬戸内海沿岸に高地性集落を築いたもの。高い所の防御拠点だからキ（牙・木）に通じる。

011

八甲田山

はっこうだサん

総称　最高所は大岳（標高一五八五m）
高田大岳（標高一五五二m）　井戸岳（標高一五五〇m）　赤倉岳（標高一五四〇m）　小岳（標高一四七八m）　田茂萢岳（標高一三二四m）

八甲田カルデラ内に噴出した中央火口丘群の総称で、第四紀更新世（約五万年前）に形成された。ただし、カルデラおよびカルデラ内の中央火口丘形成の経緯はよくわからない。

山頂付近に点在する高層湿原を田に見立てて「耕地（田）」と呼び、「八耕田」→「八甲田」に転じたとか、同じく高層湿原を「神の田」とみなして「八神田」とか諸説あるが、実は箱根火山と同じく、外輪山《がいりんざん》と中央火口丘群に囲まれた地形を「箱」と見立てたものではないか。

012

八幡平

はちまんたい

総称「八幡平頂上」地点（無名）標高一六一三ｍ　源太森（標高一五九五ｍ）　茶臼岳（標高一五七八ｍ）　前森山（標高一三〇五ｍ）　鴨田山（標高八七四ｍ）　落峯（標高一〇六六ｍ）　畚《もつこ》岳（標高一五七八ｍ）　諸檜岳（標高一五一六ｍ）　焼山（標高一三六六ｍ）

など、標高一五〇〇ｍ前後の複合溶岩台地の総称

岩手県北西部から秋田県北東部にかけて東西約一二km、南北約四～七kmに広がる溶岩台地。イタリア人シュナイダーが一九一一年ごろ提唱した火山分類で、アスピーテ型火山（楯状火山）の日本における標識的存在とされてきた。しかし、今では学界ではこの分類はほとんど使われない。ただ、アスピーテ・ラインと通称される八幡平有料道路（秋田県部分は昭和三七年、岩手県部分は昭和四五年開通）の名に残っている。台地上には小型の成層火山・溶岩ドーム・火口湖、沼沢《しょうたく》・湿地帯および温泉群が点在する。それら火山地形、とくに小成層火山の群立を「～平」（アイヌ語 tay は「群立」・「並立」の意）と呼んだのか、あるいはトドマツの樹林を呼んだものか。

「八幡平」の名は火口湖の「八幡沼」の名による。この湖沼名については、平安初期の坂上田村麻呂《さかのうえたむらまろ》の蝦夷平定、そして一一世紀の前九年《ぜんくねん》の役《えき》に出陣した八幡太郎義家《はちまんたろうよしいえ》の事蹟にからんで語られることが多い。ただし沼沢地・池塘周辺は柔らかい地質で、ヤハラ→ヤハタ→八幡と転訛した可能性もありうる。

柳田国男は大正七年（一九一八）八月、「土俗と伝説」誌一巻一号に載せた記事で、「このタイはアイヌ語の残存」とし、イギリス聖公会宣教師バチェラーの辞書に「taii＝森」とあることを指摘し、さらに金田一京助の「傾斜地」説を紹介している。なお、柳田は東京の白銀台・小日向台などは上の平らな高地で「高台」に同じという。私見では、この「台」は字音語が、「経台」などの仏教用語を通じ比較的早く和語化したものと思う。

一方、金田一京助門下でアイヌ民族出身の学者・知里真志保の『地名アイヌ語小辞典』（一九五六年）では「tay＝「①林、森、②物の林立、並立」とあり、バチェラーのいう tai の語彙は採用されていない。あるいはタイ（平）はもともと和語「平ら」の下略形で、八幡平はほぼ平坦な台地を呼んだものか。

013

岩手山

いわてさん

標高二〇三八m（最高所は火口壁の薬師岳）
〈別称〉南部富士・巖手山《がんしゅさん》・岩提山・巖鷲山《がんじゅうさん》

谷文晁『日本名山図会』より

この山は見る位置によって、まったく別の姿を示す。東側の盛岡市方向から眺めると富士山型の秀麗な円錐《えんすい》形をしているが、北や南側からは象の頭から背中のような稜線を示す。実はこの火山は複数のカルデラ（または爆裂火口）から構成された複式火山である。西の古・岩手山はおよそ一五〇万年前の更新世前期に活動を開始し鬼《おに》ケ《が》城《じょう》カルデラを形成、その後、更新世中期の数十万年前にカルデラ内に御苗代《みなわしろ》中央火口丘・御釜円頂丘を形成。その後もカルデラ形成活動は継続し、約五〇〇〇年前に古・岩手火山の東壁を覆《おお》うように新・岩手火山が噴出した。新・火口からの溶岩噴出記録は平安初期の大同《だいどう》年間（八〇六～八一〇）にもあったとされる。岩手大・橘行一《たちばなこういち》名誉教授によれば、東岩手山東北麓の岩手森・五百森《いおもり》と呼ばれる一帯には小さな円墳状の〝流山〟こと溶岩流が四〇〇カ所以上認められる、という。この溶岩流を地元で「岩出森」と呼んだのが山名の起源という。東・岩手山の噴火活動は江戸時代初期まで盛んだった。

014

早池峰

はやちね

標高一九一七m
〈別称〉東岳《あずまだけ》・東子岳《あずまねだけ》

谷文晁『日本名山図会』より

北上山地の最高峰。山地中央部を東西に走る早池峰構造帯に沿って蛇紋岩《じゃもんがん》・橄欖岩《かんらんがん》が貫入《かんにゅう》した残丘《ざんきゅう》。

太平洋岸から湿気の多い風を受けるため、高山植物が豊富。この山については、アイヌ語語源説がいくつも語られてきたが、和語でハヤ（早・速）チ（助詞ツの転か）ネ（峰）という語形であろう。

日本語の時制用語は、地形用語と共通し、ハヤ（早）とは「傾斜の急な山」のこと。なお、アイヌ語説は、九州のタカ（高）チ（助詞）ホ（穂）も同じ語構成だから、ほとんど成り立たない。

015

鳥海山

ちょうかいざん

標高二二三六m（最高所は東鳥海山火口内の新山）
〈別称〉出羽富士・秋田富士・飽《あく》海《み》山・羽《は》山《ね》
〈別訓〉ちょうかいさん

数十万年前の更新世中期に活動を開始した火山で、古・鳥海火山は東西の直径一五kmの大成層火山だったという。のち、山頂部の噴火口から膨大な溶岩が噴出した。今から約二六〇〇年前から、山頂東部の巨大陥没カルデラ内に中央火口丘・新山が形成され、現在に至るまで盛んに活動を続けている。これを東鳥海山という。

鳥海山あたりは律令国家の最前線で、古代、まつろわぬ蝦夷《えみし》の勢力との抗争が続いた。律令国家はこの山に大物忌《おおものいみ》神社を祀《まつ》り、国境を鎮護する守護神とした。

西鳥海山の古い火口湖である鳥ノ海は、出羽国の歌枕《うたまくら》であった。

016

月山

がっさん

標高一九八四m
〈別称〉臥牛山《がぎゅうざん》・犂牛山《くろうしやま》

⑯月山

湯殿山《ゆどのさん》（標高一五〇〇m）・羽黒山《はぐろさん》（標高四一四m）とともに出《で》羽《わ》三山《さんざん》の一つ。出羽山地南部の主峰で、なだらかな山容からシュナイダーの火山分類ではアスピーテ（楯状火山）の典型とされたが、現在では成層火山に分類される。

律令国家の基盤いまだしの八世紀初頭にあっては、北陸道方面の安定は焦眉《しょうび》の急《きゅう》であった。和銅《わどう》元年（七〇八）越後国に出羽郡が設置され、翌二年に出羽柵《き》、同五年（七一二）には陸《む》奥《つ》国置賜《おきたま》・最上《もがみ》二郡を併せて出羽国が設置された。「月山」をガッサンと読むのは慣用訓。

この山に夜を司《つかさど》る月読《つくよ》みの神を祀った理由は不詳。そしてまた、観音菩薩の脇侍《わきじ》の月光菩薩《がっこうぼさつ》に関連あるとすれば、約五〇km離れた鳥海山南西麓を流れる日向川《にっこう》は日光《にっこう》菩薩にちなみ、月山と対応するのか。

017

朝日岳

あさひだけ

総称　最高所は大朝日岳（標高一八七一ｍ）

〈別称〉朝日連峰・朝日山地

山形・新潟県境、東西それぞれ約四五kmの山域が朝日山地である。

これは箱根外輪山《はこねがいりんざん》以南の伊豆《いず》半島全域、あるいは房総丘陵以南の房総半島全域に相当する。しかも、東北に多い火山性の山域の単調な稜線の高山ではなく、幾筋もの深い谷に刻まれた一七〇〇m級の高山が幾重も連なる深山域である。

山名の「朝日」は全国に三〇ヶ所を数える（「旭」の用字例も含む）ほどポピュラーで、麓《ふもと》の住民がごく自然に命名した山名例であろう。鬱蒼《うっそう》と連なる深山のピークの一つに赤々と輝く曙光《しょこう》は、登山家ならずとも輝かしい瞬間であろう。

この手の命名はあらゆる民族に共通する手法で、登山だけでなく、わが国では日光が一番早く当たる山を日向《ひゅうが》山・日当《ひなた》山などという例はどの村にもあった。田舎だけでなく、大阪・天王寺公園の北一㎞の天王寺区夕陽丘《ゆうひがおか》町は平安末〜鎌倉時代、大阪湾に沈む夕日から西方浄土を祈念する聖地とされた、という。

018

蔵王山

ざおうざん

総称　最高所は熊野岳（標高一八四一m）
刈田《かった》岳（標高一七五八m）　五色岳（標高一六七二m）（以上、北蔵王）　馬ノ神岳（標高一五五一m）　水引入道山（標高一六五六m）　前烏帽子山（標高一四三三m）　後烏帽子山（標高一六八一m）　屏風岳（標高一八二五m）　不忘山《ふぼうやま》（標高一七〇五m）（以上、南蔵王）
〈旧称〉刈田嶺《かったみね》・不忘山《わすれずのやま》

約七〇万年以上前、更新世中期以前に奥羽山脈の脊梁《せきりょう》部に噴出した複式成層火山で、山体の中心部はまず不忘山《ふぼうやま》・屏風岳《びょうぶだけ》などの南蔵王の火山群が噴出、次いで刈田岳・熊野《くまの》岳、最後に五色《ごしき》岳が噴火した、という順番らしい。蔵王山の噴火記録は鎌倉時代から残るが、とくに江戸時代以降は活発で、火口湖の御釜《おかま》周辺の活動が顕著。湖底噴火や水蒸気爆発・火山泥流・湖面沸騰・ガス噴出などを数十年おきに繰り返している。

山名の「蔵王」の名は、修験道の祖とされる役《えんの》小角《おづの》（七世紀ごろの人だが、生没年

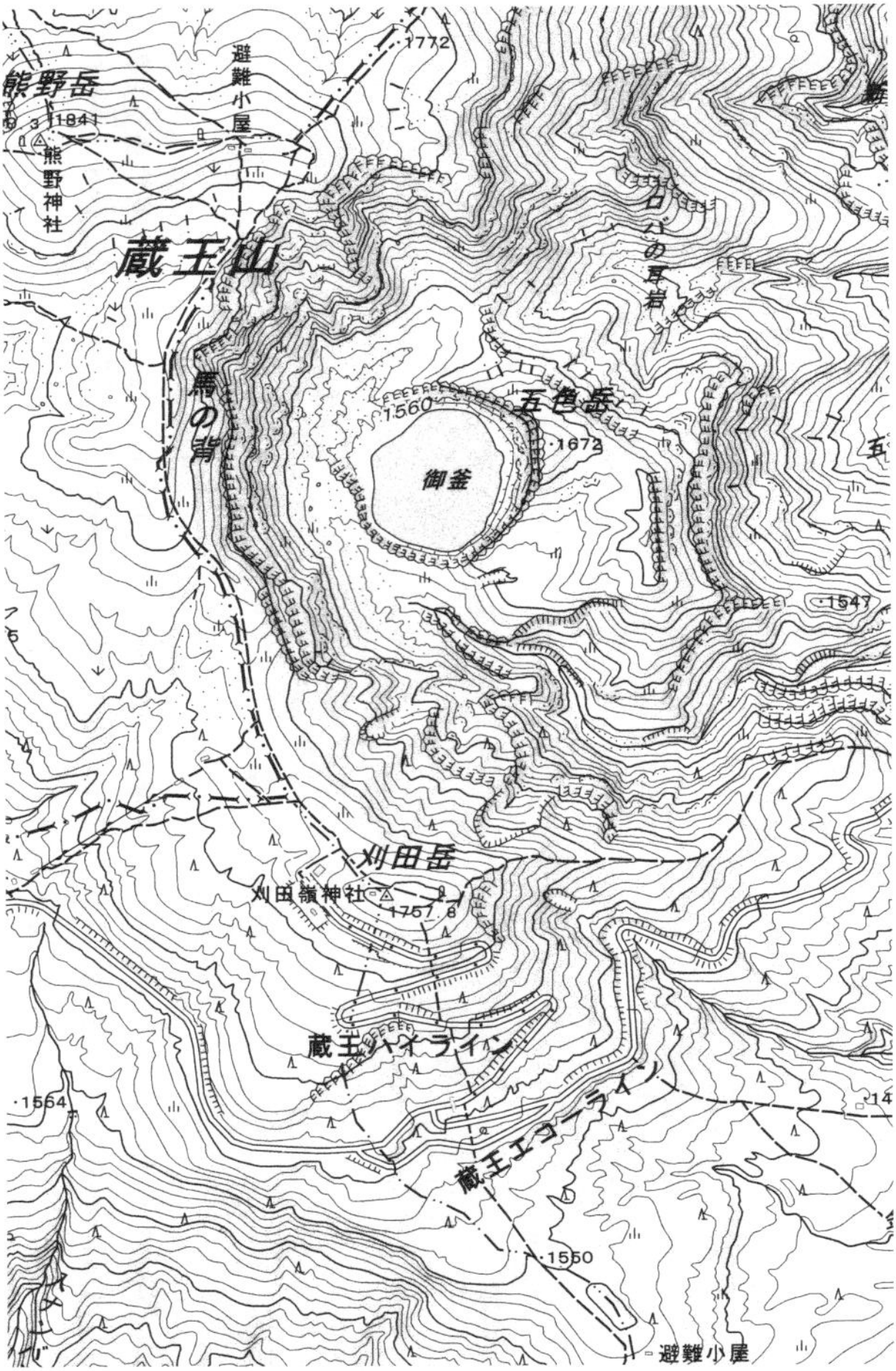

蔵王山中心部　2.5 万分 1「蔵王山」

不詳）が吉野の金峰山《きんぷせん》に籠って感得したという独自の信仰である蔵王権現の名による。出羽国は、鳥海山・出羽三山の山岳修験の拠点だが、これら在地の伝統的山岳信仰とその後の蔵王信仰との関係はよくわからない。

019

飯豊山

いいでさん

総称　最高所は大日岳（標高二一二八ｍ）
飯豊山（本山）（標高二一〇五ｍ）　北股岳（標高二〇二五ｍ）
烏帽子岳（標高二〇一八ｍ）　御西岳（標高二〇一三ｍ）　種蒔岳（標高一八〇五ｍ）　三国岳（標高一六四四ｍ）
〈別称〉飯出山・四季山

飯豊山地は福島県会津地方北西部から、山形・新潟県境一帯を占める隆起山塊である。標高二〇〇〇ｍ前後の準平原上の稜線が続き、その稜線に通じる飯豊山神社の参道を挟んで約一ｍ幅で福島県の領域が約七㎞も長く延びている（飯豊山神社奥宮周辺の福島県領はもっと幅広い）。

飯豊山神社には五大虚空蔵菩薩坐像が祀られており、この神は五穀豊穣の神として福島県会津地方の農民から篤い信仰を集めた。

西麓の新潟県蒲原《かんばら》地方に温泉が湧き、そのユ（湯）イデ（出）の転訛（三省堂『日本山名事典』）という由来説は、信仰圏からも、地名学上も笑止。イイ（ヒ）はウヘ（上）と同義で、「山上の稜線（境界）が出っ張っている」意。

020

吾妻山

あづまやま

総称　最高所は西吾妻山（標高二〇三五ｍ）
西大巓（標高一九八二ｍ）　中大巓（標高一九六四ｍ）
〈別訓〉あづまさん

⑳吾妻山

吾妻山　5万分1「吾妻山」（昭49年）

福島・山形県境、東は福島市街西方の家形山《やかた》・一切経山《いっさいきょう》・東吾妻山・吾妻小富士（以上、東吾妻連峰）、その西の東大巓《ひがしだいてん》・継森《つぐもり》・中吾妻山、さらに西の裏磐梯北方に連なる、中大巓・西吾妻山・西大巓など、噴出時期・形態の異なる多様な火山群からなる。

総称の「吾妻」についてはこれまで、『日本書紀』景行紀の日本武尊《やまとたけるのみこと》の東征伝承の「吾妻はや」の歌から、と説く向きが盛んだが、「吾妻」の使用例は九州・中国・関東・東北に及び、舞台があまりにも広範囲に過ぎる。

アケ（明）ツマ（端）の略（賀茂真淵・大槻文彦）・アサ（朝）ツ（助詞）マ（間）の略で「東方」説も、九州や中国地方の例の説明がつかない。

むしろ、ア（上）ツマ（詰）で「上詰まりの地形」を呼んだのではないか。わが国では古来、△型の屋根様式を「切妻」と呼ぶ。

なお、東大巓・西大巓の「巓」の用字は他に例を見ないが、地元民がこの難解で書きにくい字を使っていたはずがない。実は全国各地で、「頂上」を呼ぶ方言用例にテッ～とかテン～…などの用例が多数ある。漢字「天」の字は立った人を表す「大」の上に一を付け「人間の脳天」を示した指示文字で、和語にも比較的早く導入されたか。

021

安達太良山

あだたらやま

標高一七〇〇m
〈別称〉岳山《だけさん》・乳首山《ちくびやま》

吾妻火山群の南に箕輪《みのわ》山・鉄《てつ》山・安達太良《あだたら》山・和尚《おしょう》山と一列に並び、東にずれた薬師《やくし》岳も一連の火山列である。

この火山帯は古く一八〇〇万年前の第三紀中新世ごろから活動し始めた。その噴出物はほとんどが安山岩系だが、一部に玄武岩系の粘性の強い溶岩も噴出したらしい。各山頂に見られる突起はその玄武岩が残ったもの。

安達太良山山頂と鉄山との間の西側に口を開ける径一〇〇m近い沼《ぬま》ノ平《たいら》は旧火口であったが、明治三二～同三三年に大爆発が起き、径三〇〇×一五〇mの新火口が出現した。この爆発で、硫黄採掘に従事していた労働者八〇名余が犠牲になった。

山名については、江戸期から「安達郡の最高峰だから太郎」などと説かれてきた

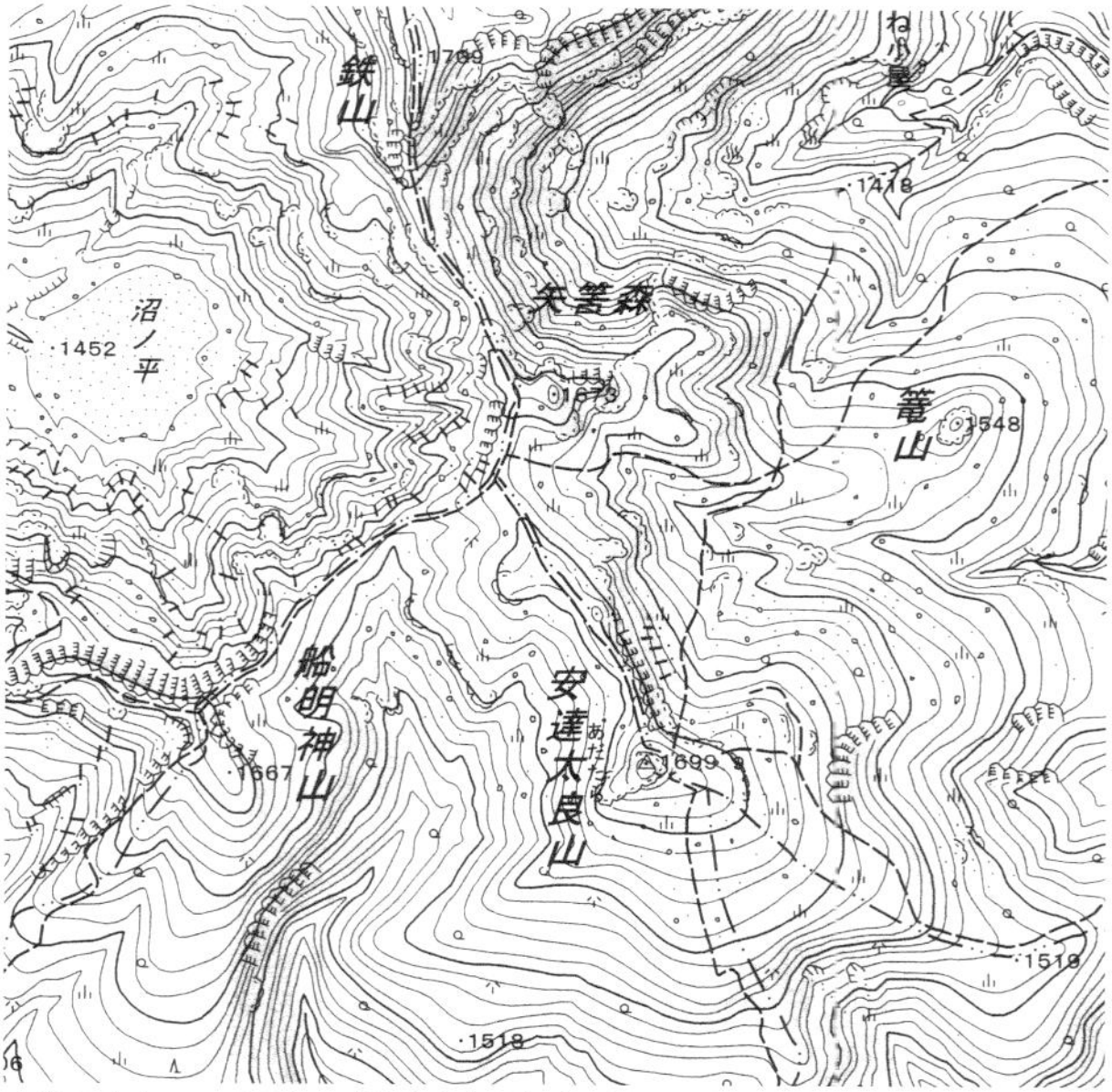

安達太良山　2.5 万分 1「安達太良山」（平成 25 年）

が、「安山岩の山頂部に異物（アダ）の玄武岩が載っている」ことを表現したものか。

022

磐梯山

ばんだいさん

標高一八一六m
〈旧称〉石梯《いわはし》山・会津嶺《あいづね》
〈別称〉会津富士
〈別訓〉いわはしやま

磐梯山は約一五万年前に噴火活動が始まった複式火山で、猪苗代《いなわしろ》湖はその巨大な古・磐梯山の火口原湖とされる。古・磐梯山が陥没、そのカルデラ内に噴出した中央火口丘が新しい磐梯山である。

現在の磐梯山は平安前期の大同《だいどう》元年（八〇六）に噴火記録がある。約一〇〇〇年後の明治二一年（一八八八）七月、中央火口丘の一峰の小磐梯山を吹き飛ばす山体噴火が起き、大規模な火山泥流により麓の村々で四六一名の犠牲者を出した。この時の泥流が長瀬川を各所で堰き止め、檜原湖・小野川湖・秋元湖・五色沼などの裏磐梯湖沼群を形成した。

麓に祀る磐梯《いわはし》神社の名から明らかなように「天に登る岩の階段」という意味。江戸

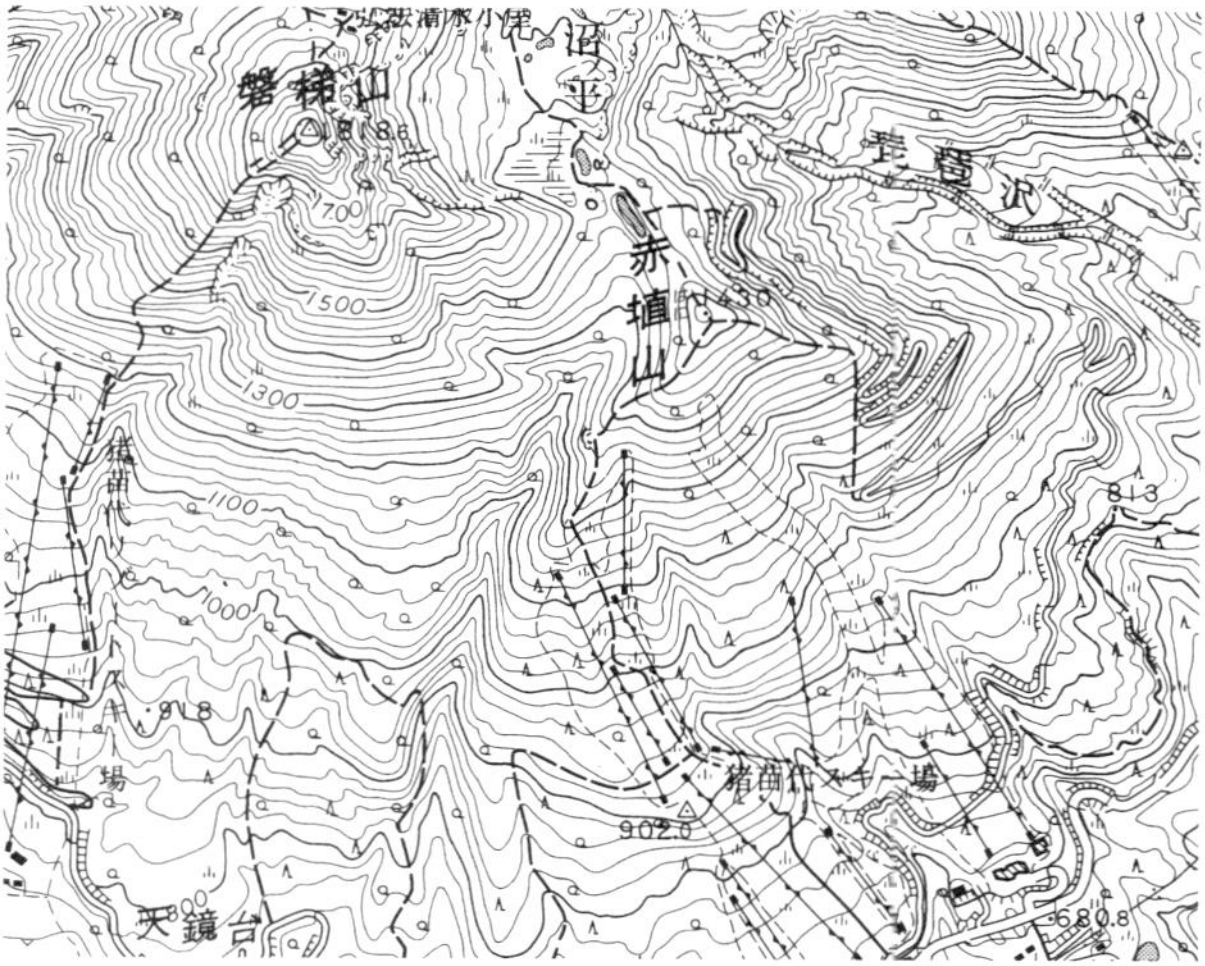

磐梯山　５万分１「磐梯山」（平成 14 年）

後期の画家・谷文晁《たにぶんちょう》の『名山図譜』の一幅がその地形を見事に捉《とら》えている（上図参照）。

023

会津駒ケ岳

あいづこまがたけ

標高二一三三m
〈地形図名〉駒ヶ岳

㉓会津駒ケ岳

まず深田久弥は「駒ケ岳の由来は種々だ」として、山麓の牧《まき》の場合（木曽駒）、山腹の残雪の場合（秋田駒）もあるという。会津駒は『新編会津風土記』に、「五峰アリ。東西ニ綿延スルコト八里余、残雪駒様ヲ成ス」とあるが、残雪の一部が駒形なのか、山全体に馬が走る模様なのか、深田は実際に登って、後者だと感じた、という。

深田は雪の中を単独行で登り、「長大な山腹に天馬の疾駆するさまに見たのはその時だった」と記す。残雪の中を檜枝岐《ひのえまた》の地元民は、誰一人山腹の出作《でづく》り地などへは行かない。登山家が一人で「これが、この山の名の元になった雪形だ！」と悦《えつ》に入っているだけな

ら、それはちょっと違うだろう。(別稿コラム参照)

山名いろいろコラム❸　将棋の駒と玩具の独楽《こま》と「車輪」のコマは共通する

三六年前の昭和五六年、私は若手地名研究者仲間四名と共著で『古代地名語源辞典』(東京堂出版)を著した。『和名抄』所載の六八国・五九二郡・四〇四一郷の語源・由来を探ったものである。その際、議論が最も割れたのは、コマ(高麗・巨摩)地名だった。武蔵国高麗郡・甲斐国巨摩郡などについて、明治期の吉田東伍以来、「古代朝鮮半島にあった高句麗国、また高句麗からの渡来人に因む」とする説が根強かった。

だがこうした論には、私は違和感を抱いていた。なぜなら、コマといえば正月用の玩具の独楽であり、幼時から親しんだ将棋の駒であった。私のムラ(大字)では、缶の蓋の上で独楽を回しながら鬼ごっこをした。独楽が回っていなければ、追いかける鬼は動くことはできない。

将棋では、駒立て→駒回し→挟み将棋→本将棋の順に学んだ。駒回しは、将棋の駒を逆さに立てて親指と人差し指で強く捻ると、駒は回る。将棋の駒の断面は独楽の断面と相似形だから、回る道理である。二人で同時に回し、長く回ったほうが勝ち。もちろん、大駒（王将・玉将・飛車・角）のほうが長く回る。

問題は、地名のコマ（高麗・巨摩・駒・狛）だった。学生時代、京都府南部の相《そう》楽《らく》郡山城《やましろ》町に上狛《かみこま》の大字があり、木津川を挟んだやや下流対岸に同郡精華《せいか》町大字下狛があった。下狛は木津川の河岸から一㎞ほど離れていたが、この付近の木津川は明治以降に河川改修されたらしく、戦後すぐの応急修正版五万分一図には下狛付近で大きく曲流する旧堤防がはっきり記されていた。

当時、教授や先輩連からは、「この上狛・下狛は『和妙抄』の山城国相楽郡大狛郷・下狛郷の遺称地で、古代に高麗人が移住した地だ」と教わったが、私はもう一つ釈然としなかった。現・木津川市上狛の地も、西流してきた河流が北へ大きく曲流する地点でもあったからである。

埼玉県の高麗本郷へは三〇代前半に訪れた。当時、流行し始めていたオリエンテーリングの大会が高麗丘陵であり、実体験を兼ねて参加してみた。その帰路、高麗丘陵の北を流れる高麗川に直径六〇〇mほどの曲流部があり、それが巾着田《きんちゃくだ》であった。高麗神社と高麗家住宅はその二kmほど下流のもう一つ小型の曲流部沿いにあった。

玩具の独楽も、将棋の駒も「回る」という点では共通する。もう一つ、ダンジリなど重い荷物の下に敷いて方向を変えたり、速く前進させる滑車《かっしゃ》として使う丸太の類《たぐい》、あるいは車輪そのものもコマと呼んだ。いずれも「回転するもの」である。

ところで昭和五六年、『古代地名語源辞典』編纂の折、甲斐国巨摩郡と真衣郷《まきの》についで考えるところがあった。真衣郷は『和名抄』東急本に「万木乃」、同高山寺本には「末支乃」と訓注があるからマキノという地名であろう。この地名は多くの辞書・学者が「牧野のある野」と解し、甲斐国に置かれた三御牧(官牧)の一所在地とする。そのことを真っ向から否定するわけではないが、現・北杜《ほくと》市(旧・武川村)牧原《まきはら》あたりは、釜無《かまなし》川の左岸が大きく膨らんで湾曲して流れている地点である。

全国には「駒ケ岳」が一四、ほかに「駒ケ森(鼻・峰・林)」などの類似形が五、駒ノ神・駒の頭《かしら》も一例ずつある。

024

那須岳

なすだけ

総称　最高所は三本槍岳（標高一九一七ｍ）
茶臼岳（標高一九一五ｍ）　朝日岳（標高一八九六ｍ）　南月山（標高一七七六ｍ）　黒尾谷岳（標高一五八九ｍ）（以上、那須五岳）

まず、深田『日本百名山』も登山案内もすべて、茶臼岳を最高峰であり、那須岳の主峰として扱っている。だが、主峰を最高峰とするならば、それは三本槍《さんぼんやり》岳である。むしろ、地図上には茶臼岳は活火山であることを明記し、今も火山ガスを噴出し続ける危険な山であることを強調すべきであったろう。

火山活動だけでなく、最近の雪崩事故では、こともあろうに、登山訓練中の高校生が犠牲になった。有名になった観光地と登山の関係は、もっと真剣に考えられてよい。これは、熟練者と初心者を問わず、登山する者全体の問題である。ランクに応じ入山料を徴収し、それを入山訓練と自然保護のレンジャー費用に振り向けてもよい。

ところで、「那須」の地名は、古代の下野国那須郡那須郷の広域称による。さらに古く大化前代には那須国造が置かれていたという。文武《もんむ》四年（七〇〇）に築かれたという那須国造碑は旧・湯津上《ゆつかみ》村（現・大田原市）にあるから、「那須」は火山の名ではない。茶臼岳は室町期には火砕流または火山泥流、江戸期以降は水蒸気爆発が続いている。

那須野は火山性扇状地で、噴火のたびに押し出される「新出来の土地」をナス（成）と呼んだものか。

山名いろいろコラム④

寺田寅彦の荒唐無稽な火山名論

深田は『日本百名山』の那須岳の項で、寺田寅彦「火山の名について」（郷土・昭和六年一月号）を肯定的に引用する。笠ヶ岳の頭子音kを除いた-asaをaso,asama型火山名とするなど、恣意的分類が目立つ。世界中の火山名から都合の良い語素だけを抜き出して比較すれば、言語学も民族論も成り立たない。

昭和前期、日本の地名研究は惨澹《さんたん》たる隘路《あいろ》に陥っていた。柳田国男の「日本民俗学」は地名研究から始まったが、有効で妥当な研究法が確立される前に、柳田自身が〝権威者〟になり、その見解が無検証に、無謬《むびゅう》神話にくるまれてまかり通る状況にあった。

登山家連と民俗学者は、地名研究を混迷に陥れた二大勢力だった。日本の近代登山は旧制高等学校・大学の登山部がその中心で、彼らは衆庶の上に立つ知識人だった。

木暮理太郎は大正期、アイヌ語解に傾斜していた柳田国男に倣《なら》って、全国の山名をアイヌ語で解釈してみせた。のちの東大植物学教授・武田久吉《たけだきゅうきち》は、山名はほとんどすべて植物名で説けるとした。本人はそれで自ら納得しているのだろうが、土地の名としての地名は、ほかのあらゆる名彙よりも先行して存在していたはずであった。

025

魚沼駒ケ岳

うおぬまこまがたけ

標高二〇〇三m
〈別称〉越後駒ケ岳

㉕魚沼駒ケ岳

中ノ岳・八海山とともに「魚沼三山」・「越後三山」と呼ばれる。深田『日本百名山』が記す『新編会津風土記』は、「春夏ノ際残雪駒ノ形ヲ成スユヱ名ヅケシトゾ」という。全国に一七カ所ある「駒ケ岳」の一つ。

佐渡海峡から六〇㎞の内陸で、火山列からは離れており、海底の準平原があまり浸食を受けずに陸地化し、その後に山腹が激しく浸食された。山頂部が比較的平坦で、山腹が急な〝駒形〟の山容はそのため。

地域冠称の「魚沼」は古代以来の郡名だが、訓注は「伊《い》乎《を》乃《の》」とある。平安後期の字典『色葉字類抄《いろはじるいしょう》』は、越後国に実在しない八番目の郡として「伊保野《いほの》」を記す。これは「伊平野」の誤記で、本来は「五百野《いほの》」すなわち「多種多様な野」という地名だったのだろう。

026

平ケ岳

ひらがたけ

標高二一四一m
〈別称〉塗桶岳《ぬりおけ》

㉖平ケ岳

利根《とね》川と只見《ただみ》川の分水界、越後山脈を分け入った山々の、またその奥に位置する。山頂部は平坦な連嶺が続き、登山道周辺には池塘が点在する。

別称の「塗桶岳」という名称は群馬県側の呼び名だが、東の台倉《だいくら》山から平《ひら》ケ岳山頂に続く尾根筋には「ぬかるみの道」の名があるという（新ハイキング社『日本300名山ガイド東日本編』）。

027

巻機山

まきはたやま

標高一九六七m

㉗巻機山

越後山脈中部に位置する。東隣の牛《うし》ヶ岳（標高一九六二m）・西隣の割引《わりびき》岳（標高一九三一m）をまとめた総称としても使われる。

深田久弥『日本百名山』は、江戸後期の鈴木牧之《すずきぼくし》『北越雪譜』から魚沼郡清水村の奥にある破隙《われめ》山の話を引用し、その景観描写からして、この破隙とは、今の巻機山前峰の天狗《てんぐ》岩のことと推測している。そして、村人がワレメキ山と覚えていたのを、陸地測量部から派遣された測量手（または測量師）が案内人の現地住民に「あの山は何という?」と尋《たず》ねたのに対し、

「ワレメキでさ〜」との答えが返ってきた。そこで測量手は、ワリビキと早合点し「割引」という、およそ山名らしからぬ山名が地図上に記されることとなった、と推測している。大いにありうる話である。

028 燧岳　ひうちだけ

標高二三五六m
〈別称〉燧ケ岳

尾瀬《おぜ》沼の北側に聳える成層火山。尾瀬《おぜ》ケ原の西を限る至仏山《しぶつさん》とともに、〝天空の楽園〟である尾瀬の背景を際立たせる。

深田久弥ほか登山家連は、俎嵓《まないたぐら》の北東斜面に鍛冶鋏《かじばさみ》の形をした残雪が現われるから、という。雪形の説明にはよくあることだが、「ヒウチ→鍛冶→鍛冶鋏」と三段構えの連想は、ちょっと苦しい。

むしろこの燧とは、そのものずばり燧石のことではないか。燧石の材料は石英《せきえい》が多いが、打ち付ける相手の鉄片も硬いから、稜線は鋭く尖る。燧岳の山の稜線が、燧石と同じくギザギザになっていることから出た山名であろう。㉞の火打山と同じ山名である。

古来、建築や衣服の裾に縫い付けた補強用の三角形の端切れをヒウチとも呼んだ。瀬戸内海中部の燧灘も、北部の備後灘との区分が微妙だが、ほぼ三角形にも見える。あるいは㉞で説明した武家の火打ち袋の三角形かも知れない。

029

至仏山

しぶつさん

標高二二二八m
〈別称〉岳倉山（利根側）

㉙至仏山

燧岳とは対照的に、なだらかな山容である。

深田久弥はこの「至仏山」という山名は『会津風土記』に載り、『上野《こうづけ》国志』には「四仏山」とあるが、実は「仏」には何の関係もないし、（修験の）山参りの習俗もなかった。深田の友人の話では、この山から北東に流れる沢のムジナ沢を地元民がシブツツァワと呼んでいることに気づいた、という。

すなわち「渋沢」であるが、これが漢字訳されるとき、漢語「至仏」と二字に訳されたのだろう、という。大いにありうる話だろう。

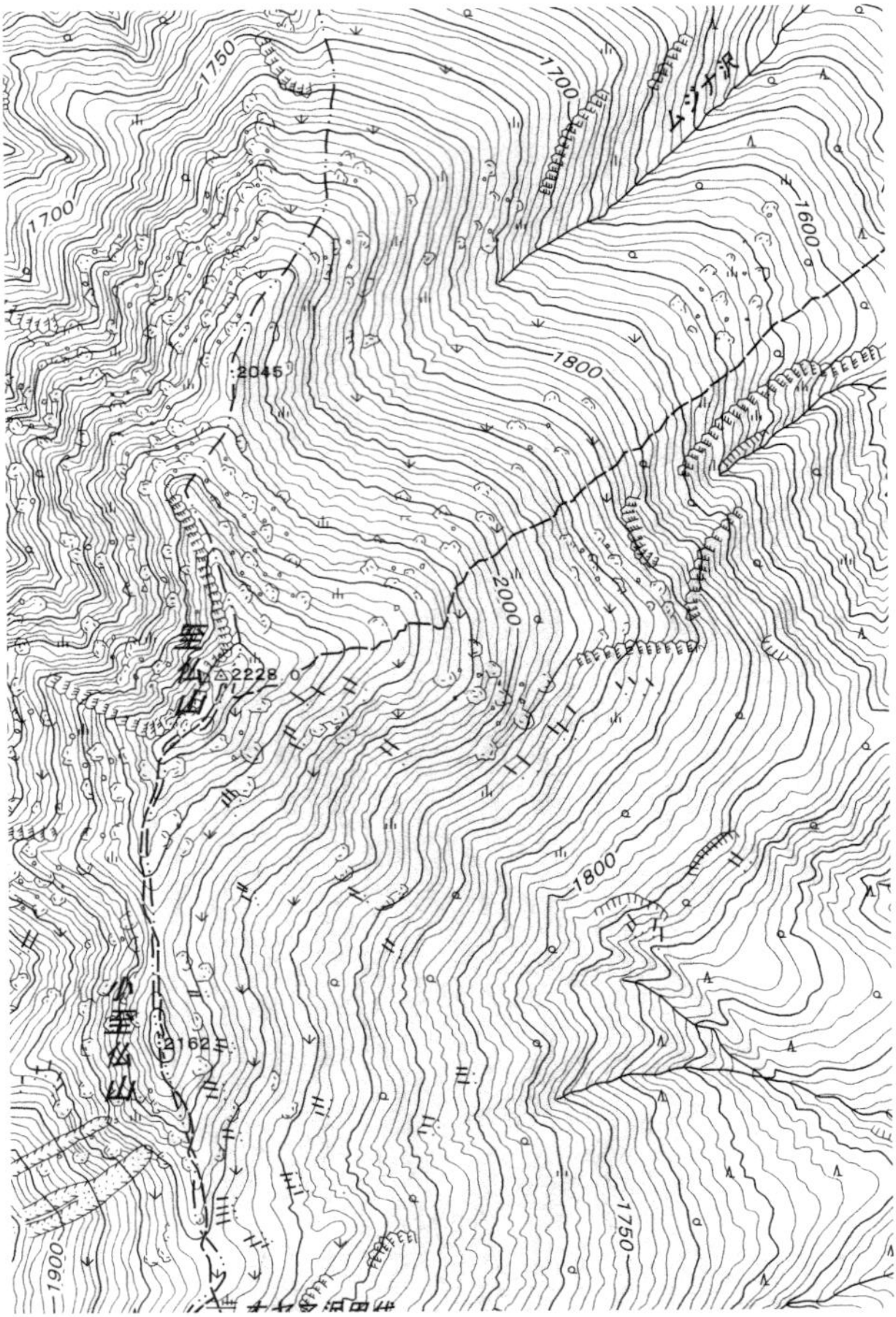

至仏山（図右上にムジナ沢がある）

2.5 万分 1「至仏山」（平成 17 年）

030

谷川岳

たにがわだけ

誤称　現在の主峰はオキノ耳（標高一九七七m）
総称　オキノ耳・トマノ耳の双耳峰のほか俎嵓《まないたぐら》など周辺諸峰

㉚谷川岳

明治後期の陸測の測量時のミスによる誤記。「谷川岳」は本来、利根川支流の谷川源流域に臨む俎嵓《まないたぐら》一帯だったのに、東側のトマノ耳・オキノ耳の双耳峰のほうを谷川岳としてしまった。

軍用地図としての五万図は山名などかならずしも正確さは要求されなかったのだろうが、間違いは間違いである。何らかの措置・対応が考えられてしかるべきだろう。

031

雨飾山

あまかざりやま

標高一九六三m
〈旧称〉天粧山

㉛雨飾山

深田久弥にとって、この山は青春時代のロマンを秘めた山らしい。深田は『日本百名山』の文末でも「天飾り」の意味を考察したが、不明とし、それでも個性的な名だけでも十分とする。私には、それほど難解とも思えない。

カザリ（飾り）とカサ（傘・笠）のカはカミ（上）の意味で、物の表面・上部を覆い、飾る物である。雨飾山の頂上は双耳峰《そうじ》で、貴い女性の頭を飾るティアラ（宝冠）のように小さな凹凸が連続している。

また、雨飾山の山頂付近は森林限界を超えて、灌木《かんぼく》や笹《ささ》に覆われているが、これを髪を短く切った尼僧の髪になぞらえて称したものか。

032

苗場山

なえばさん

標高二一四五m

第三紀火山の火山灰・砕屑岩《さいせつがん》が互層《ごそう》になった成層火山。かつてはその形状から粘り気の強い玄武《げんぶ》岩からなる楯状火山とされたこともあったが、今では主として安山岩《あんざんがん》系の成層火山とされている。

山頂部は四km四方にわたって緩《かん》傾斜の高層湿原が広がり、無数の池塘が点在する。それら池塘にはヤチスゲ・ミヤマホタルイなどの群落が茂りイナ作の苗代状の景観を示す。山名はその景観から出たとされる。

一応、それに従うが、地名用語のナヘは、動詞ナユ（萎）から、「峠・鞍部など弛《たる》んだ地形」や「緩傾斜地」に命名されたケースもありうる。

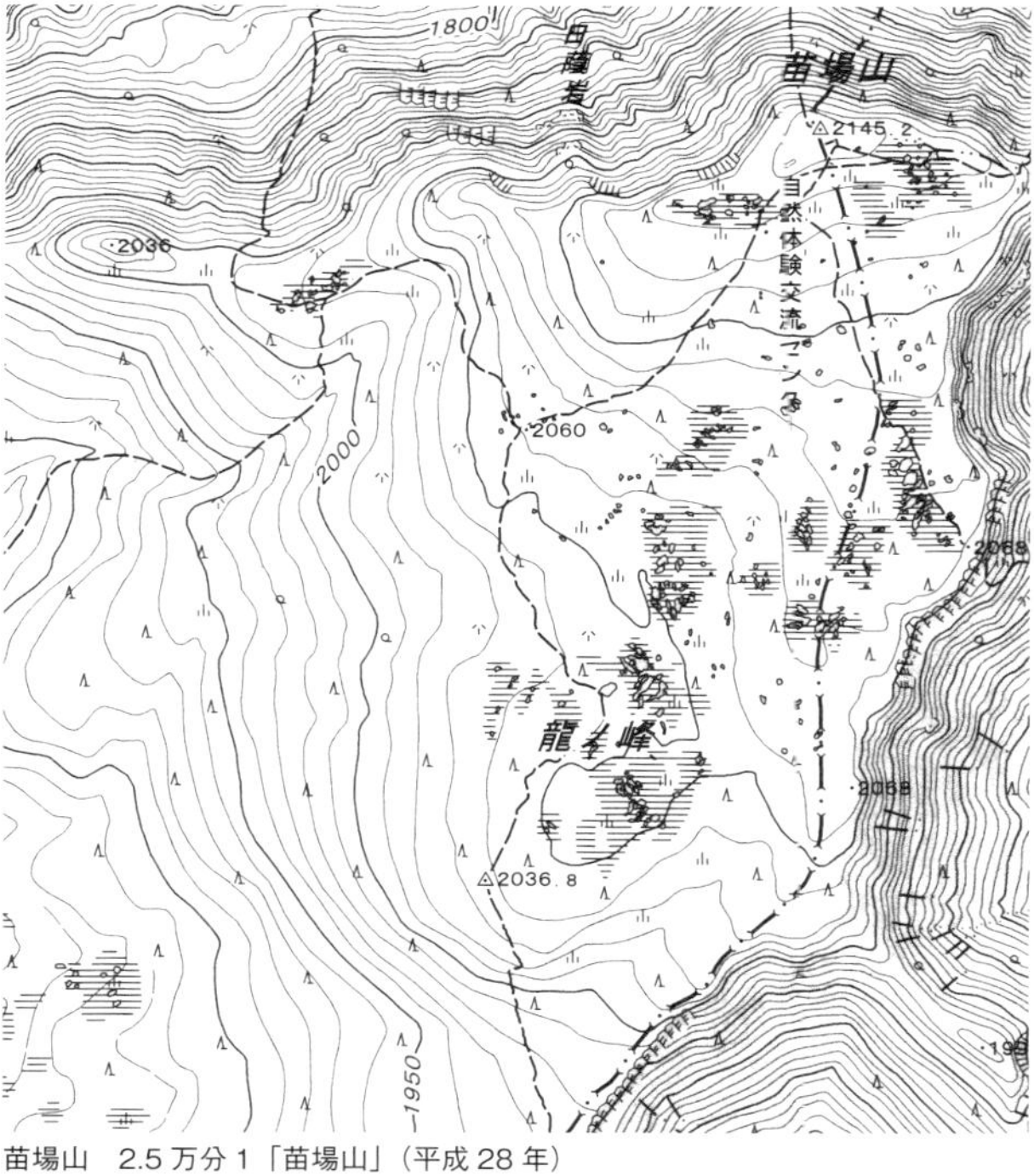

苗場山　2.5 万分 1「苗場山」（平成 28 年）

033

妙高山

みょうこうさん

妙高火山群の総称
最高所は火口壁南（標高二四五四ｍ）

㉝妙高山

通説では、室町期成立の軍記物『義経記』に、奥州へ逃れる義経《よしつね》・弁慶《べんけい》一行が直江津《なおえつ》から佐渡に渡る途次、「妙観音の岳より下したる嵐に帆引き掛けて……」とある記述から「妙観音の岳」→「妙光山の岳」→「妙高山」と転じたとする。これに対し、深田久弥は「それは違う」と鋭く反発、妙高山は古く「越《こし》の中山《なかやま》」と呼ばれ、その「中山」を「名香山」と表記、音読してミョウコウサンになったという。

一方、『角川日本地名大辞典　15　新潟県』は、妙高山とは仏教世界観の中心にある聖山・須弥山《しゅみせん》の日本訳で、和銅《わどう》年間（七〇八～一五）に開山され、中近世を通じ修験道の信仰登山が盛んだった、と記す。

034

火打山

ひうちやま

標高二四六二m
妙高山・焼山とともに「頸城《くびき》三山」と呼ばれる
〈別訓〉ひうちさん

㉞火打山

ややなだらかな三角形をしており、㉘の燧岳と同じく三角形の山容を呼んだものか。

あるいは、近代以前、火打ち道具は日常の必需品だったが、緒《お》で口を縛る形の布製の小物入れを、ヒウチとも呼んだ。室町期、四〇歳以下の武家で火打袋を常時所持することを特に許された者を「火打ち袋御免」と呼んだという。

火打石と火打ち鉄《がね》を入れた袋は下膨れの三角形になるので、この形に山容をなぞらえたか。瀬戸内海の燧灘も、下膨れの緩《ゆる》い三角形をしている。

035

高妻山

たかづまやま

標高二三五三m
戸隠《とがくし》連峰のうち北部の戸隠裏山の主峰
〈別訓〉たかつまやま

㉟高妻山

戸隠山・八方睨《はっぽうにらみ》などの戸隠表山《おもてやま》方向から眺めると、綺麗な長三角形に見える。

建築用語で建物の主軸になる長い高所がムネ（棟）で、それを直角に切断した面をツマ（端）という。日本建築ではツマ面は、上部に二等辺三角形が載った形になる。本来、ツマとは建物の端の切断面のことだが、立体視すると先端が上に尖った三角形で、東国には、成層火山ほか上詰りの形の山が多く、これに同音の「妻」の字が宛てられた結果、「日本武尊が妻を偲《しの》んで……」うんぬんの妻恋い譚《たん》が付会した。

なお、北東約一kmの乙妻山《おとつまやま》の「乙」は、十干の第二で字音語ながら「甲」より劣る意で地名にもよく使われている（山城国乙訓郡ほか）。

036

男体山

なんたいさん

標高二四八六m
〈別称〉二荒《ふたら》山・黒髪山・国神山

まず「二荒」とは、男体山の北東麓にある羅刹崛《らせつくつ》から年二回、暴風が吹き出すことから「二荒」の名が出て、これをフタラと訓読みし、仏教の補陀落《ふだらく》信仰に結びついた、という。

ただし私は、「二荒」ではなく、男体山・女峰山に男女二神が現存する奇瑞《きずい》がそのきっかけだった、と思う。フタアラとはすなわち「二現」であり、しかも両山の間には太郎山・大真名子山・小真名子山と家族が揃っている。

補陀落信仰とはインド亜大陸南端のコモリン岬から船出し、観音菩薩の住む海の彼方に入寂する信仰である。下野《しもつけ》国日光は海辺ではないが、チベット・ラサのポタラ宮など補陀落信仰の痕跡は内陸にも多数ある。

037

奥白根山

おくしらねさん

標高二五七八m
〈正称〉日光白根山

日光火山群の最高峰で活火山。成層火山の火口部分に溶岩ドームが載る。江戸期にはしばしば水蒸気爆発を繰り返し、最後の噴火は明治二三年（一八九〇）。『日本百名山』のこの山名については、なぜ冠称《かんしょう》として「奥」をつけるのか、という疑問につきる。

我が国には「白根山」という山域は大きく三カ所ある。甲信国境の白根三山と比較すれば、日光火山群の白根山は「奥」と形容されてもしかるべきだろうが、草津白根山と比べれば、どっちを〝奥〟とすべきか、その基準はまったく不明確である。

地名には〝別地同称〟現象はいわば宿命だから、しかるべき冠称を使うのは必然であろう。

私の知る限り、この山に〝奥〟という冠称を使うのは登山界だけである。あるいはこの〝奥〟は東一・五kmにある前白根山の〝前〟に対する〝奥〟なのか。

038

皇海山

すかいさん

標高二一四四m
〈旧称〉笄《こうがい》山・サク山

㊳皇海山

栃木・群馬県境の足尾《あしお》山地に聳える成層火山。南東の栃木県側の庚申《こうしん》山は日光修験道の聖地。「皇海」と書いてスカイと読むのは、相当な難読地名である。まあ、年季の入った百名山ファンか地図・地名マニアでなければ読めないだろう。

大正八年（一九一九）にこの山に登った木暮《こぐれ》理太郎《りたろう》によれば、江戸前期の正保《しょうほう》国絵図には「サク山」と記されているという。また「笄山《こうがいやま》」の名もあり、その「笄」の字が「皇海」と二字表記され、スカイと読まれたのだという。

漢字「皇」の国字訓はスメラ・スメだがその頭訓だけを採り、しかも湯桶読みにす

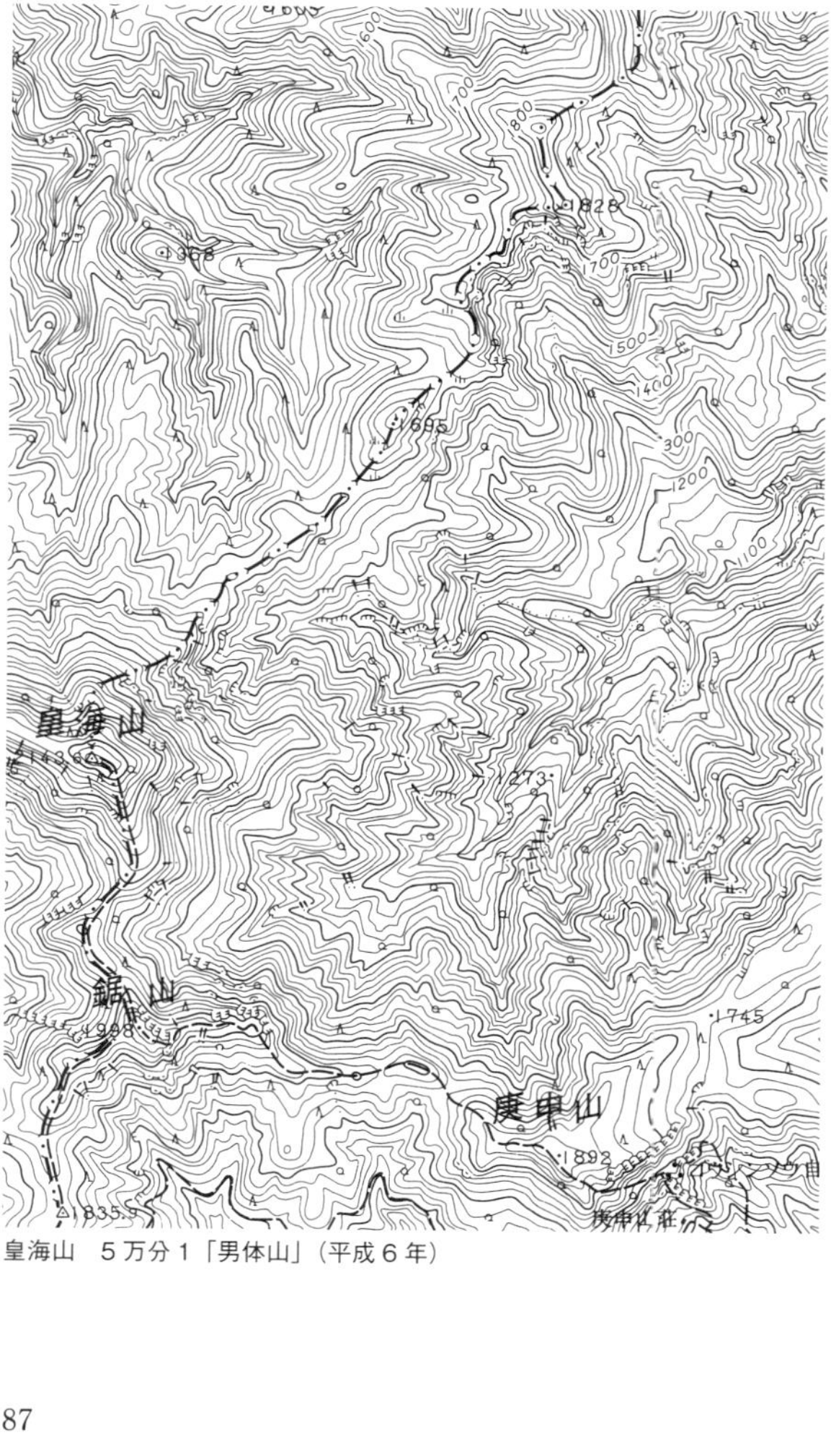

皇海山　５万分１「男体山」（平成６年）

るなど、まるで手品のような話。この山域の五万図測量年は明治三〇年代だろうが、測量手（師）は相当特異な漢字素養を身に着けていたものと思われる。

039

武尊山

ほたかやま

総称　主峰は沖武尊山（標高二一五八ｍ）
前武尊（標高二〇四〇ｍ）　剣ヶ峰（標高二〇八三ｍ）
獅子ヶ鼻山（標高一八七五ｍ）

㊴武尊山

この山も前項の皇海山《すかい》と同様相当に無理な山名である。あるいは、皇海山に近接していることから推測して、陸測の同じ測量手（師）のチームが担当したのかもしれない。

武尊神とは「ホタカ大明神」・「実宝《ほたか》明神」のことで、上野《こうずけ》国利根郡一帯の地方神として同郡各村に計一六社を数えるという。信州の穂高神と同じ系統の神だったろうが、そのホタカに「武尊」の二文字を当てるのは、明治後期の時代風潮とはいえ、もうほとんど無謀というほかないだろう。

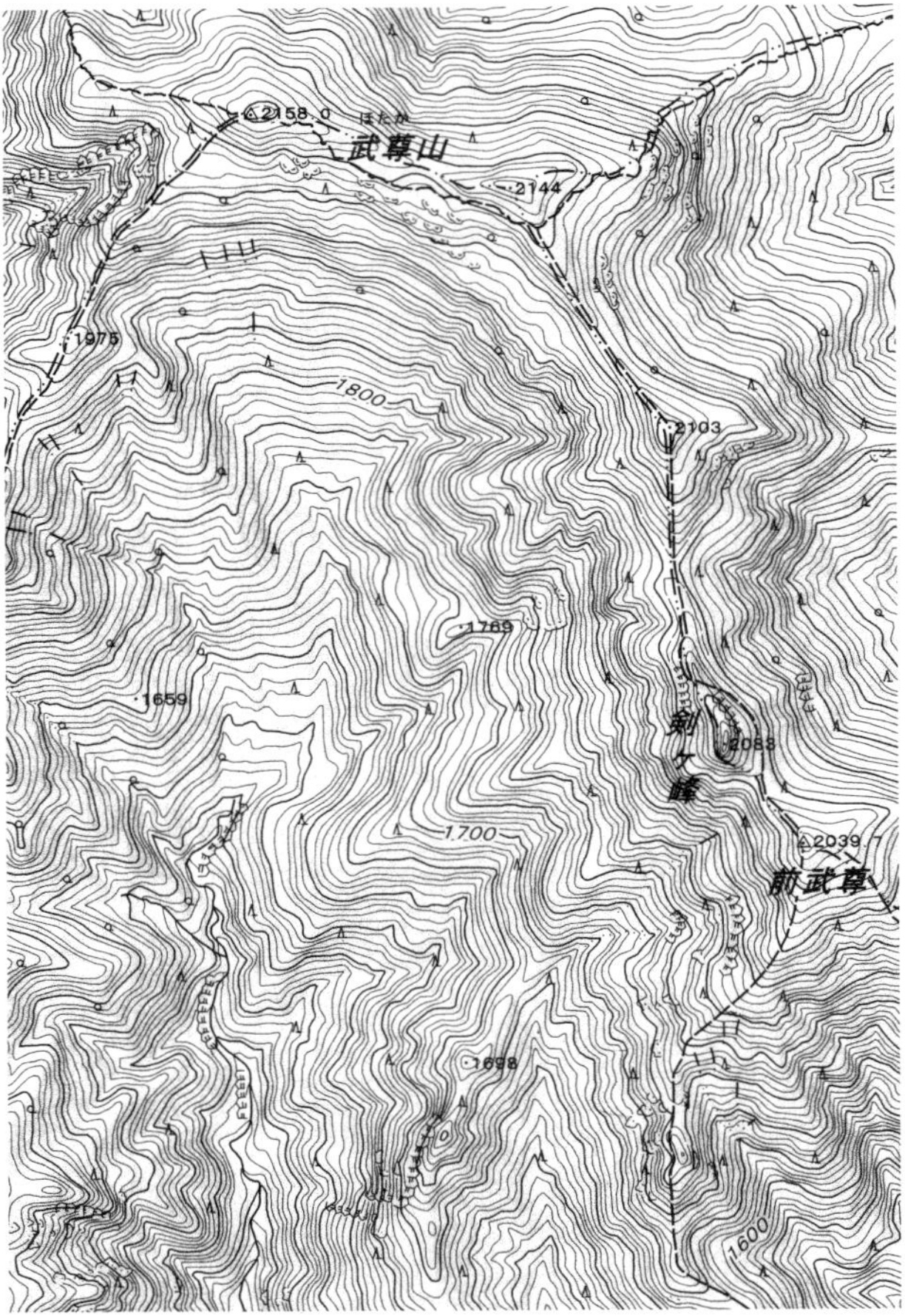

武尊山　2.5万分1「鎌田」（平成27年）

040

赤城山

あかぎさん

総称　カルデラ・成層火山・溶岩ドームの各峰。最高所は外輪山の黒檜山（標高一八二八ｍ）

〈旧称〉久路保

およそ四〇〜五〇万年前に活動を開始した大型火山で、火山地形の南北の長さは三〇kmに達する。この山を境に、平野部の県南と山間部の県北が区分される。建長三年

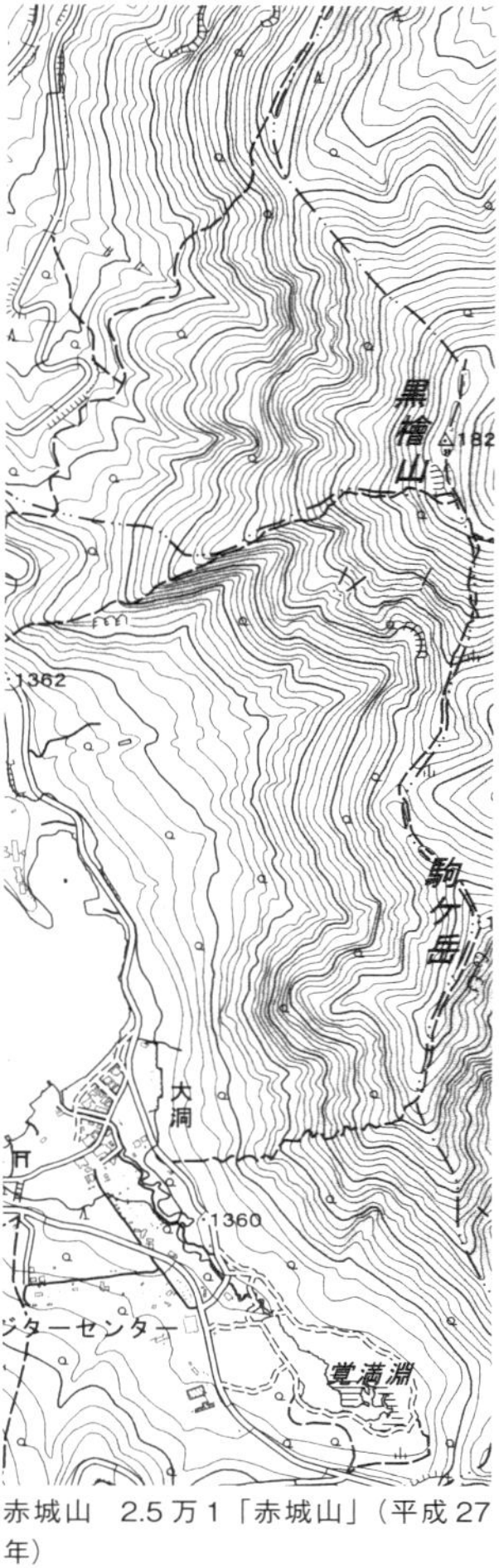

赤城山　2.5万1「赤城山」（平成27年）

（一二五一）、最後の噴火記録があったとされる。山頂近くにある火口原湖の大沼《おの》、火口湖の小沼《この》、火口原湖が湿原化した覚満淵《かくまんぶち》などが行楽地として賑わう。

041

草津白根山 くさつしらねさん

総称　双子型の成層火山と砕屑丘・マールなど
白根山（標高二一六二m）　本《もと》白根山（標高二一七一m）

本白根山はおよそ六〇万年前から活動を開始したとされ、群馬県北西部から長野県北東部一帯に巨大カルデラ火山を形成した。カルデラ崩壊後、カルデラ内の各所には多数の火口丘《きゅう》や噴火口が形成された。

本《もと》白根山はその中央火口丘に相当し、鏡池《かがみいけ》は山頂の火口湖に当たる。本白根山の北二・二kmにある白根山は、現代まで数年〜数十年おきに爆発を繰り返す活火山である。明治以降もしばしば爆発し、硫黄《いおう》採掘所の従業員などに何度も犠牲者が出ている。

この草津白根山の山名で指摘しておかなければならないのは、隣の嬬恋《つまごい》村の万座《まんざ》温泉、そして長野県上高井郡高山村の志賀《しが》高原一帯にかけて「白根」を冠した支流名・

谷沢名や道路名・ロープウェイ名などの施設名が無数にある。

登山家ならすでによくご承知だろうが、気候が急変した山中では地名情報の混乱は大事故に直結する。

042

四阿山

あずまやさん

標高　南峰（二三五四ｍ）・北峰（二三三三ｍ）
双耳峰の根子《ねこ》岳は標高二二〇七ｍ

㊷四阿山

四阿山と北西の根子岳は同じ成層火山だったが、爆発により火口縁《えん》が吹き飛んで、外輪山の南東側と北西側がともに残ったもの。

深田久弥は「根子岳は四阿山の附録みたいなもの」と評したが、この二つの山は、二つ合わせて一体である。

この山も例によって日本武尊の伝承が語られるが、もちろん神話のうち。屋根を四方に葺《ふ》き下ろした和風建築様式を四阿《あづまや》造《づくり》というが、四方から屋根を寄せ葺きにすると屋根の棟頂は一角に集まる（松岡静雄『日本古語大辞典』）。

すなわちこの語は本来、ア（上）・ツマ（詰）という語形であろう。

043

浅間山

あさまやま

三重式成層火山の総称　最高所は釜山《かまやま》（現・火口壁　標高二五六八m）
前掛《まえかけ》山（第二外輪山　標高二五二四m）　黒《くろ》斑《ふ》山《やま》（第一外輪山　標高二四一四m）

今から四〇年ほど前、私は浅間山北東腹の鬼押出《おにおしだ》しを訪れた。女性週刊誌の旅記者として、夏の軽井沢取材の一環であった。編集部からは特別、鬼押出しの取材を指示されたわけではなかったが、私としては別荘開発が進む千ヶ滝《せんがたき》地区や群馬県側の〝北軽井沢〟を取り上げるよりも、ぜひ鬼押出しの奇観は取材しておきたかった。ただ残念だったのは、天明三年（一七八三）七月（旧暦）に〝浅間焼け〟で甚大な被害を被った鎌原《かんばら》集落へも行きたかったが、二泊三日で三週間分の取材を済ませなければならないスケジュールで、旧軽井沢・南軽井沢・塩沢・追分と取材を続けなければならず、とても時間が足りなかった。

山名いろいろコラム⑤

アサマは形容詞アサマシに通じるか？

深田久弥『日本百名山』のうち、火山活動によって生じた峰や山体は、少なくとも半数を超える。日本列島は火山列島であるから、当然の話である。

今日では地形学・地質学の発展により、火山地形とそうでない地形の区分は、かなりはっきり区別されている。だが、前近代の社会では、いや目の前で噴火し煙を上げない限り、古代人はどの山が火を噴くのか知るすべはなかった。

一方、日本は水害の国であった。東アジア・モンスーン帯に属し、初夏には梅雨、秋には秋霖、その間には強風と猛烈な雨量を伴う熱帯低気圧「台風」が年間数十個も襲い来る。冬季には日本海側には地球上でも稀《まれ》なほどの豪雪が降り、山岳地方では雪崩《なだれ》が頻発する。その積雪は春に来れば、大量の雪解け水となって谷間や平野を襲う。

かくて風水害・土砂災害は、まさしく日本列島の宿痾《しゆくあ》となった。

アサマという山名は平安後期の藤原宗忠『中右記《ちゆうゆうき》』に出てくるが、アサシという形容詞は『万葉集』の用例でも、今日でいう「浅薄」という概念を含んでいたらしい。

　噴煙を空高く噴き上げる火山も、土石流を麓に押し出す山々も、古代人にとっては「土の締りが浅い（緩い）山」だった。信濃・上野境の活火山（記録に残る限り、日本列島で最も頻繁に活動してきた）もアサマなら、雄大で秀麗な活火山（駿河・甲斐境の成層火山）も本来はアサマであり、その山を祀る神はコノハナサクヤヒメで、噴火を「三角形の頂点が裂ける」と表現したものか。

　このアサマ（浅間）を音読して神として祀れば、センゲンとなる。浅間神を災厄除けの神として小祠に祀れば、やがて新興住宅地の町名に昇格する。

　この列島では、かつて土石流や洪水、火山泥流や火砕流も、それこそ日常茶飯のように起きた。当時の人たちは、火山活動によるか、水の浸食作用によるか、遠方から眺めただけでは判別はつかない。だが、地表にあってはならない異変が起きているとは推測がつき、彼らはそのような異変の起きやすい場所を「浅い」という形容詞で表現したのだろう。

044

筑波山

つくばさん

総称最高所は女体山（標高八七七ｍ）
女体山と男体山からなる双耳峰
〈旧称〉筑波嶺・筑波禰・筑波乃山・紫峰《しほう》

谷文晁『新編日本名図会』（青渓社刊）より

古代の筑波山は、昼には国見《くにみ》の山であり、夜は歌垣《うたがき》の舞台であった。女体山・男体山がペアになった山は全国に五〇ヵ所近くを数えるが、これらすべての山で歌垣が行なわれていたのか、ほかにも山名の起因があったのか、断言できない。

なお、深田久弥はこの項で、常磐線の石岡《いしおか》付近からは尖峰に見えるとし、アイヌ語「聳え立つ頭」の意のツクバ説を紹介。また『万葉集』ではツクハと清音で、南方系チャム語ツクは「月」で、付近の月神を廃し山名に限定した、と述べる。

近代の登山家連は、日本の地名研究が軌道に乗らないこともあったが、各自好き勝手な説を繰り返してきた。ほとんど荒唐無稽《こうとうむけい》で、笑止千万《しょうしせんばん》な論がまかり通っているのは登山界だけ、と申し上げておく。

045

白馬岳

しろうまだけ

総称（白馬岳・杓子《しゃくし》岳・白馬鑓《やり》ヶ岳）

最高所は白馬岳（標高二九三二m）

〈別称〉西山・大蓮華岳・代馬岳

〈誤訓〉はくばさん

後立山《うしろたてやま》連峰（飛騨山脈・北アルプス）北部の主峰。冬季の日本列島有数の深雪地帯であり、西斜面が比較的なだらかで東斜面が急な、典型的な非対称山稜を示す。白馬大雪渓は日本三大雪渓の一つで、本格的登山の初舞台とする初心者も多い。一方、北東五kmにある乗鞍《のりくら》岳は火山で、白馬大池や栂池《つがいけ》などの火口湖付近は一大高山植物群落が広がる。

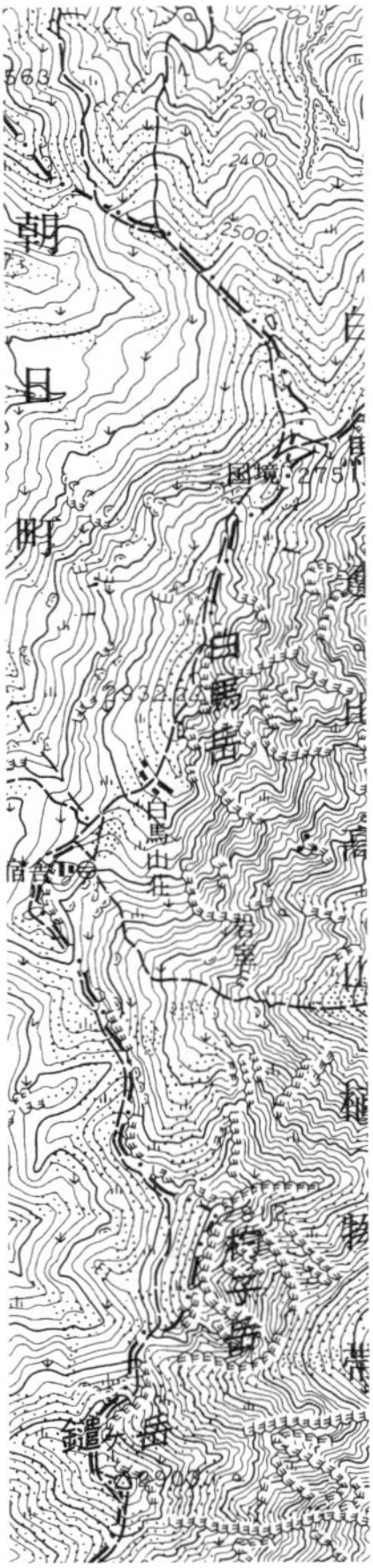

5万分1「白馬岳」

山名いろいろコラム❻

「代馬」を「白馬」に変えていいのか？

現在のJR大糸線は、南北双方から路線が延伸された。昭和七年年一一月二〇日、同線は信濃森上《しなのもりうえ》駅まで延伸され、その途中駅として白馬《はくば》駅が開業した。山名はあくまで「代掻き馬」の雪形に対して「白馬」の二文字を当てたものである。明治以降、訓読みの地名を音読化は時代の趨勢だが、少女趣味の「白馬の王子様」ではあるまいし、この地名をハクバと読むのは〝地名文化の破壊〟そのものだろう。

時代の趨勢などと言ってはおれない。陸測五万分一図の発行から四半世紀、「白馬」と書かれた地元では民間の刊行業界だけでなく官の側でも、「シロウマ」よりも「ハクバ」の読みが年々増えていったのではないか。さらに、陸地測量部の「案内人だけに頼る」地名確定方法では、こういう不安定な錯誤は往々にして起こりうる。私は四〇年近く前から、地名政策の〝正閏化〟を訴え続けてきた。正しい表記、正しい読みが継続されなければ、地名は破壊されるのである。

046

五竜岳

ごりゅうだけ

標高二八一四m
〈別称〉割菱《わりびし》ノ頭《あたま》・割菱岳・餓鬼《がき》岳

㊻五竜岳

鹿島槍ヶ岳とともに後立山連峰の代表的存在。山名については、頂上近くに家紋の「武田菱」型の大岩があり、この「武田の御菱《ごりよう》」から「五龍」に転じたという。また、連峰名の「後立山」をゴリュウザンと読み、その頭二音節を採ったともいう。

「御菱」→「五龍」の転も、「武田菱」うんぬんも話が伝説的にすぎる。むしろ、野口五郎岳・黒部五郎岳と同様、ゴーロが転じたものと見るほうが自然だろう。なお、福井県を流れる九《く》頭《ず》龍《りゅう》川の名は、クズレの意の原始河川名を水との関連から「龍」の字を借りて言い換えたものである。

047

鹿島槍ヶ岳

かしまやりがたけ

標高二八八九m
〈旧称〉蔓《つる》ヶ岳・シシ岳・背比《せくらべ》岳

後立山連峰の中では白馬岳に次ぐ賑わいを見せるが、この冠称「鹿島」とは何のことか？　日本列島には各地に「鹿島」なる地名があるが、この「鹿島」はそのどの著名な「鹿島」でもなく、地元の小集落名である。

鹿島槍ヶ岳の南東七㎞に大町《おおまち》市の鹿島集落があり、鹿島神社が鎮座する。この鹿島集落は木崎《きさき》湖の南の借馬《かるま》集落の枝郷《えだごう》で、江戸時代は林野の入会《いりあい》権がらみで自立農家一一軒以内に限定されていたらしい。

この地で水害が発生し、常陸国（茨城県）から建御《たけみ》雷神《かずちのかみ》を勧請し「鹿島神社」と名乗ったもの。河川名も集落名も山名もすべて、常陸鹿島神宮の伝播地名である。

なお、深田久弥は、鹿島槍北面にあるカクネ里なる地名は「隠れ里」の転訛とし平家落人伝説との関連を述べる。だが、九州方言のカクメ(頂)のほうがむしろ近い。

048

剣岳 つるぎだけ

標高二九九九m
〈別称〉劒岳・剱岳
〈旧称〉針の山

「剣岳」という山名は、その由来やら、いくつかの疑問点・不審点やら、何かと議論の多い山名である。

まず山名表記の「剣岳」について。現在の地形図類では「剱岳」だが、深田の『百名山』では四国山地の㉝剣山とも「剣」の字を使っている。これは深田久弥の執筆時の地形図の表記にそのまま従ったものだろう。

ところが、昭和五二年八月刊の新田次郎『劒岳〈点の記〉』（文藝春秋）ではタイトルも本文もすべて「劒岳」で統一されている。ところが明治四〇年七月、陸軍参謀本部陸地測量部三角科柴崎芳《しばざきよし》太郎《たろう》測量手一行が登頂に成功して四等三角点を設置、引き続き地形科部員が精密な地形測量をし、同製図科によって作図された最初の五万分一図の図幅名も「劒嶽」であった。

ならば、深田が使った「剣」は誤記なのか。実はその裏には、次のような事情（経緯）があった。戦後すぐの昭和二一年（一九四六）一一月一六日、政府は当用漢字表と現代かなづかいを告示した。その中で「固有名詞については別に定める」としたのに、国語審議会は人名用漢字だけを定めて地名用漢字は何も定めなかった。かくて、地名もまた当用漢字の軛《くびき》に縛られることになった。

「劒」・「劔」という字は、当用漢字「剣」の異体字である。「剣」字が当用漢字に選ばれて「劒」「劔」が排除されたのは、単に画数が少なかったからである。ところがわが国に漢字が輸入されて以来、どうやら「剣」の字はケンと読む字音語専用に使われ、ツルギという和語には「劒」・「劔」の字が当てられたらしい。当然、和語起源の地名には「劒」・「劔」字が多くなる。

当用漢字が制定されると、国土地理院の地形図も海上保安庁水路部（現・海洋情報部）の海図も、それに従わなくてはならない。かくて過去の慣行は無視され、一律に「劒」・「劔」字の地名は「剣」字に置き換えられていった。深田久弥『日本百名山』

の「剣岳」は、戦後すぐから昭和五〇年ごろまでに作制された地形図に記載された山名によるものであろう。

深田はこの項目で「剣岳＝古《いにしえ》の立山」説を論じている。越中国司として赴任した万葉歌人・大伴家持《おおとものやかもち》は「すめ神の領き坐す多知夜麻《たちやま》」とタチヤマではなくタチヤマと呼んでいる。

家持の歌の舞台となった「可多加比《かたかひ》河」も、剱岳西腹から流れ出て現在の魚津《うおづ》・滑《なめ》川《かわ》両市境で富山湾に注ぐ片貝《かたかい》川なら、立山本峯というよりもむしろ剱岳こそが古のタチヤマではなかったか、と推測する。

さらに深田は、「太刀《たち》を立ち連ねたようなさまであったからタチヤマと命名」した、と独自の由来説にまで言及した。

新田次郎『劒岳〈点の記〉』では、柴崎芳太郎測量手一行が劒岳山頂で槍の穂先と錫杖《しゃくじょう》の頭環を発見したことに関し、原初の立山信仰では登頂禁止・入山禁止という禁忌はなかったとする。この見解は、わが国の登山史・山岳宗教史にとどまらず、統一王権成立期の民族概念・宗教観・自然観の変遷に大きく関わるように思える。

山名いろいろコラム⑦ 「剣岳」か？ 「劒岳」か？

私は昭和四一年春、六年がかりで大学の史学科地理学専攻課程を卒業し、東京の中規模出版社に入社した。当時、住居表示に関する法律が施行され、東京都各区はじめ日本中の各都市で「分かりやすく簡明に」というスローガンのもと、歴史的伝統的地名を大幅に改変する政策が推進され、町内会ごとに猛烈な町名反対運動が巻き起こっていた。翌年秋、編集局長から「地名の由来本をまとめろ！」との命を受けた。

編集局長の企画は、地名の由来を解く入門書をまとめて、政策遂行の一助とするとともに、安易な改変策に一石を投じようというものだった。ところが、当時、世に流通する地名由来説というものは我流の説が横行しており、ましな説でも明治末期〜昭和初期の柳田国男の説を無検証に引用したものばかりだった（今も同じ）。

そこで私は、国土地理院地図資料室の故・山口室長に依頼し、『地名の成立ち』なる一書を刊行した。締め切りの関係上、私自身も一部の下書き原稿を書き、山口氏の検閲を経て収載した。同じころ、宮﨑康平の『まぼろしの邪馬台国』が講談社から刊行されてベストセラーになった。編集局長から私への企画下命は、出版業界の情勢と、東京ほか大都市で燎原《りようげん》の火のように広がる町名変更反対の声とが両々相俟《あいま》ってのものだったろう。

ところで、深田久弥『日本百名山』には後学の者が追跡しようとすると、なかなか厄介な問題がある。とくに劔岳と立山については、昭和五二年に新田次郎『劒岳〈点の記〉』が刊行されて、この記事内容を無視して語るわけにはいかなくなった。そのいくつかをここで取り上げて、論じておこう。

「剣岳」か？　「劔岳」か？

深田久弥は、立山連峰のツルギダケも四国のツルギサンも、ともに「剣」の用字を使っている。「剣」は呉音コン（コム）・漢音ケン（ケム）、当用訓は「つるぎ」である。これに対し「劒」は「剣」の異体字で、訓はやはり「つるぎ」である。

戦後の国語改革政策で、異体字「劒」の字を使った固有名詞は、ほぼ画一的に

「剣」の字に置き換えられていった。たとえば山名ではないが、神奈川県三浦市の松輪《まつわ》湾を抱く劒《つるぎ》埼（灯台がある）は「剣埼」と書き換えられ、つられて読みのほうも「けんざき」と誤読されるようになった。たしか昭和の最末期か平成の始まった頃、地元民から国土地理院や海上保安庁水路部（当時）に「これは間違い」と抗議やら陳情があって「劒埼《つるぎさき》」と訂正された、と聞いている。

ところが、現在の二万五〇〇〇分一図では岳の劒岳の「劒」の字は、なんと驚くことに「劔」という字を使っている。偏は新字、旁《つくり》は旧字の部分を合成したもので、こんな字はどの漢和辞典にも載っていない。

なお、深田久弥『日本百名山』では、四国・徳島県の「(93) つるぎさん」の場合も同じく「剣山」のほうが使われている。ところが、私の郷里の隣大字、岡山県の東児島脊梁山地の剣山（標高二七七m）は「つるぎやま」だが、金井弘夫『新日本地名索引』では「けんざん」と読んでいる。もっとも、この辞典は金井氏が勤務していた国立科学博物館に出入りする学生に、地図上の地名を〝常識に従って〟読んで、カードに登録し整理したデータであったという。

とんでもない話である。たとえば伊豆半島西海岸の北西隅に突出した大瀬崎は常識に従って「おおせざき」と読んでは×で、常識に逆らって「おせざき」と読まなければならない。この岬名は伊豆西海岸を恒常的に流れる海流（黒潮の沿岸反流）、あるいは駿河湾口で発生した津波と狩野《かの》川が排出する河琉とぶつかって形成された砂礫《されき》洲である。だから命名の当初から「海の大きな力によって押されてできた」という認識が強くあった。

海だけでなく、山でも川でも、地方の小集落でも、このような例は無数にある。むしろ、「地名は常識に従って読んではならない」というほうが、正しい。

049

立山

たてやま

総称

立山本峰は、

雄山《おやま》（標高三〇〇三m）　大汝山《おおなんじやま》（標高三〇一五m〈最高点〉）

富士ノ折立《ふじのおりたて》（標高二九九九m）

立山三山《さんざん》は、

立山本峰

浄土山《じようどさん》（標高二八三一m）　別山《べつさん》（標高二八八五m）

前項で述べたように、『万葉集』ではタチヤマと呼んでいることから、深田久弥は万葉時代のタチヤマは指摘するように現在の雄山・大汝山・富士ノ折立ではなく劔岳を指す名称だったと指摘する。タチは自動詞タツ（立）の連用形（の名詞化）か、タツ（絶）の名詞化か。タテヤマなら「弥陀ヶ原の東方に屛風のように立て巡らした」立山本峰を指すとも、もっと広く「富山平野の南東に立て巡らした立山連峰」をいうようにも思える。タチヤマなら「隔絶した山域」のことか。また、タチとは古代の直刀か、中世以降の反《そ》りのある太刀のことか。

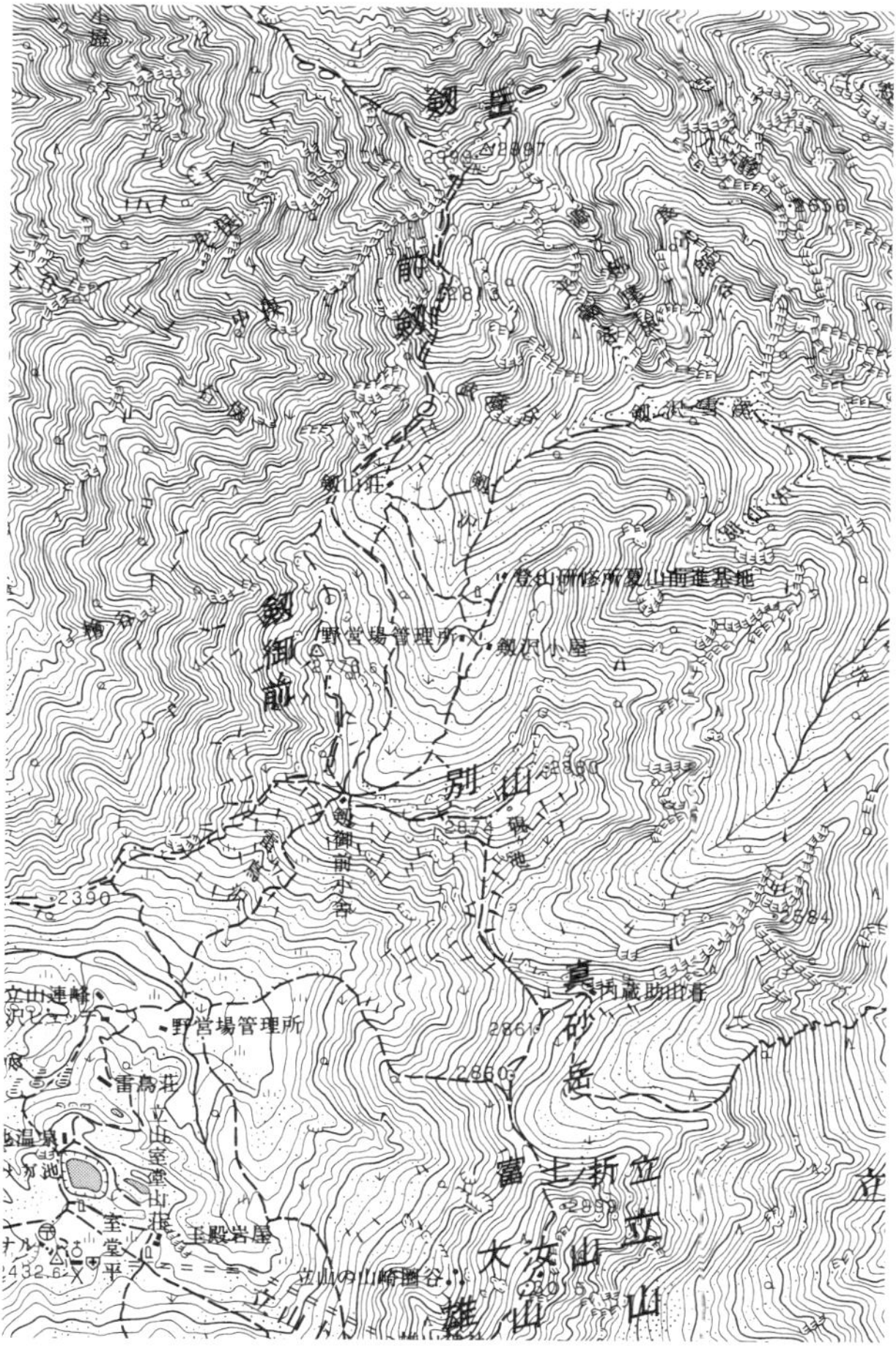

立山付近（5 万分 1「立山」平成 20 年修正）

050

薬師岳　やくしだけ

標高二九二六m
北薬師岳・太郎山も含め薬師岳と呼ぶことが多い

山名には、仏教用語が数多く用いられている。仏教の輪廻転生《りんねてんしょう》の宇宙観から、諸仏は日本の在地の神々や自然に垂迹《すいじゃく》した。垂迹とは、日本の神々や自然は、仏教の神々が日本の神々や自然の姿を借りて権《か》りに現われた、という思想である。

薬師如来は、インドでは東方浄瑠璃世界を司る神で、その両脇に日光菩薩と月光菩薩を祀り、十二神将が守護する。

天武天皇九年（六八〇）、皇后の病気平癒を祈願し飛鳥《あすか》の地に薬師寺を建立、のち藤原京を経て養老《ようろう》二年（七一八）に平城京に再移転。東国では七世紀後半、下野国《しもつけ》河内郡に下野薬師寺創建（天下三戒壇の一）。薬師信仰は東国で広く受け入れられ、「薬師」のつく山名五九のうち四九が東日本にある。

地元の「立山曼荼羅」では立山を中心に北方の剱岳は地獄の象徴とされたが、立山南方の薬師岳側はゆったりとした地形で、剱岳や後立山の険しさとは対照的である。

051

黒部五郎岳

くろべごろうだけ

標高二八四〇m
〈別称〉中ノ俣岳
〈旧称〉鍋岳《なべ》

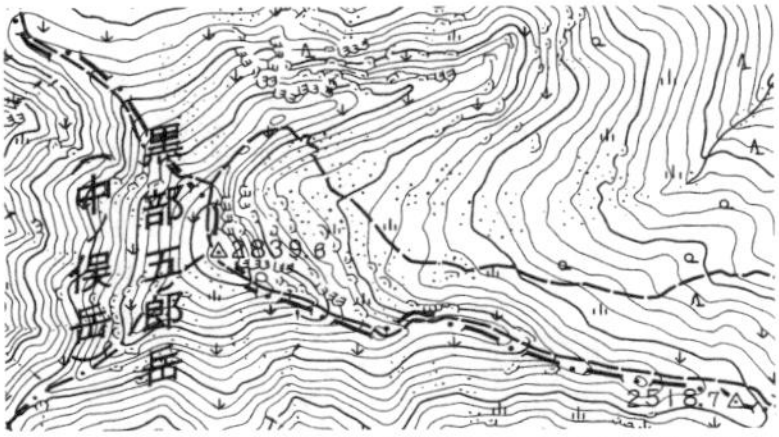

黒部五郎岳　５万分１「槍ヶ岳」（平成５年修正）

立山連峰南部の山。飛騨山脈（北アルプス）が長野・富山・岐阜三県境の三俣蓮華《みつまたれんげ》岳で北西に立山連峰、北東に後立山連峰、南に槍・穂高連峰と三方向に分岐する西方約五km地点に位置する、中部山岳地方最深部の山。山頂の北東側斜面に大きなカール（氷食による圏谷）が雄大な口を開けている。藩政時代の「鍋岳」という山名は、この開口部を鍋に見立てたもの。岩科小一郎『山岳語彙』（昭和一五年、体育評論社）は、ゴウロの項で「岩石磊磊《らいらい》たる場所」とし、ゴウラ・ゴロチ・ガーラもみな同じで、箱根の強羅や黒部五郎岳・野口五郎岳の五郎もゴーロである。と述べる。

052

黒岳

くろだけ

〈地形図名〉 水晶岳（標高 二九八六m）
〈旧称〉 六方石山・中岳剣・中剣岳

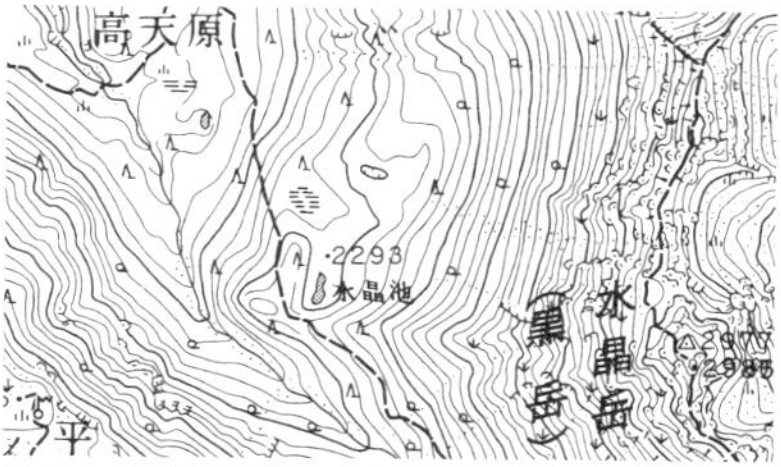

黒岳　５万分１「槍ヶ岳」（平成５年修正）

深田久弥『日本百名山』は「黒岳」の名を採用したが、別名の「水晶岳」を「捨て難い、どころか、むしろこの方を本名としたいくらいである」と記している。「六方石山」という呼び名は、石英系の岩石の結晶構造自体を表わす学術用語で、もしかすると地元民が呼んだ呼称というよりも、地質学者の登山家が命名した山名かもしれない。

『日本百名山』の初版発行から半世紀過ぎた現在では、実際にはその一峰に「黒岳」の名を挙げる登山家はごく一部で、圧倒的に「水晶岳」のほうが多い。水晶といえば、普通は「白色」と思われがちだが、雲母《うんも》など混合物しだいでは黒色を呈することも多い。

053

鷲羽岳

わしばだけ

標高二九二四m
〈旧称〉鷲ノ羽ケ岳・東鷲羽岳・竜池ケ岳

元禄一〇年（一六九七）の加賀藩の越中奥山廻りの記録に、「鷲ノ羽ヶ岳」の名が出てくる。この年、幕府は諸大名に命じて国絵図・郷帳類を提出させたから、その作業の一環だったのだろう。

その加賀藩の記録では、初め「鷲ノ羽ヶ岳」だった山名が、文化年間（一八〇四〜一八）ごろから「鷲羽岳」に変わった。そして、その「鷲ノ羽ヶ岳」の名は初め、今の三俣蓮華岳の位置に記されていたが、文政年間（一八一八〜三〇）には、その北東に「東鷲羽岳」という名が現れる。そして、深田久弥の学生のころ（大正末〜昭和初期）には、現在の三俣蓮華岳が鷲羽岳となっていた、という。

ところで、数年前の『理科年表』には「日本のおもな火山」の一覧表に「（156）

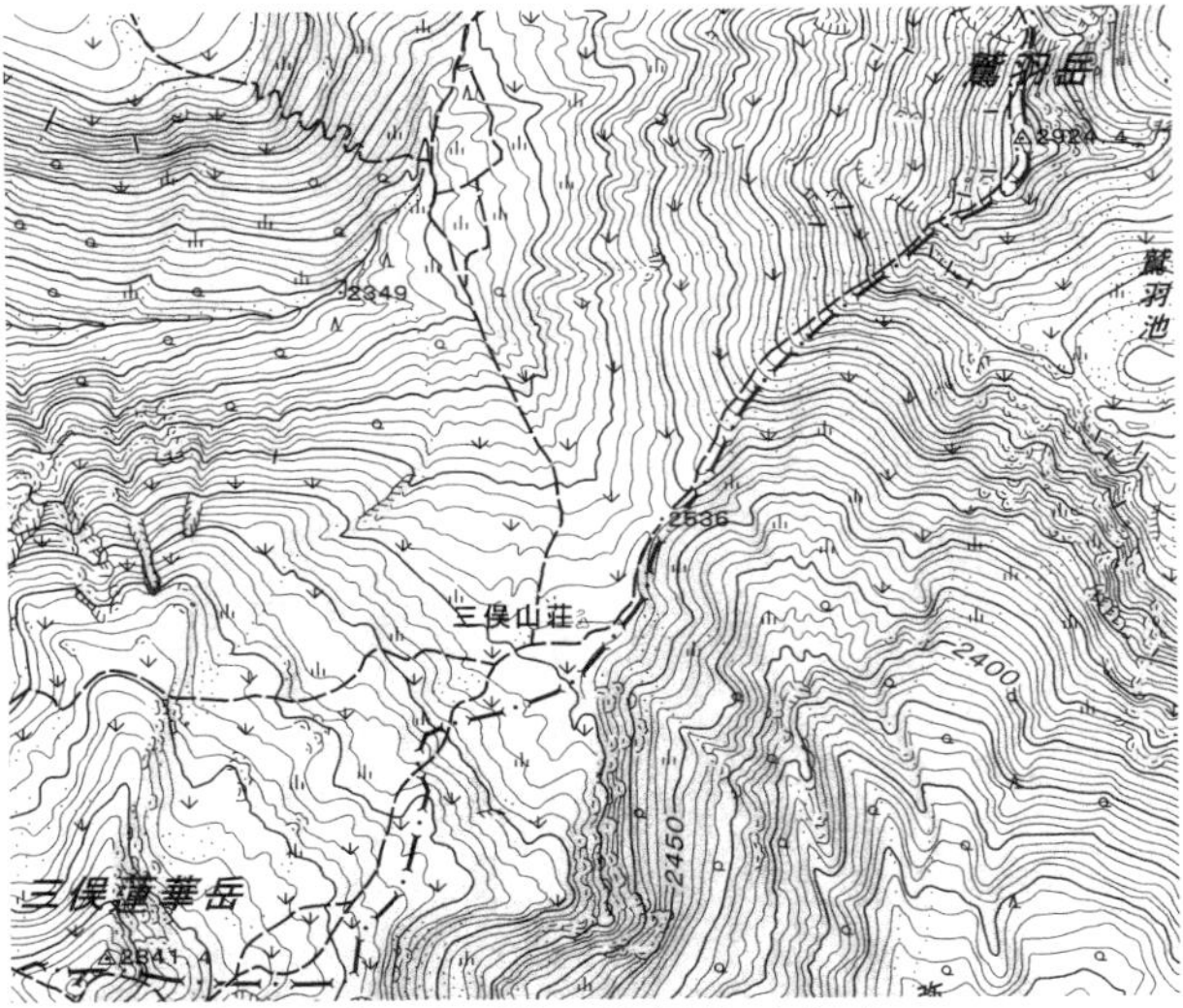

鷲羽岳と三俣蓮華岳　(5万分1「槍ヶ岳」(平成5年修正)

鷲羽・雲ノ平「祖父山」」の名が載る。火山構成は「成層火山」で、標高は二八二五mだから、祖父《じい》岳の標高である。つまり、祖父岳を中央火口丘とし、雲ノ平をカルデラとする複式火山ということか。

　近年、火山活動の認識は、はっきり改まった。数百年前、いや数千年前に噴火記録があるだけの火山でも、今後いつ噴火するかもしれない。それも当然で、数十億年の地球全史から見れば、数千年の歴史などはあっという間に過ぎない。登山家は、平成二六年の御嶽山水蒸気爆発をもって瞑《めい》すべきだろう。

054

槍ヶ岳

やりがたけ

標高三一八〇m

登山家は気に留めなかったのかもしれないが、数年前まで、『理科年表』の「日本のおもな火山」の欄では、槍ヶ岳と穂高岳は「槍・穂高」と連称で一つの火山の扱いになっていた。分類記号は「T—C」だから「大規模火砕流とカルデラ噴火」ということである。槍ヶ岳と奥穂高岳間は約六km離れているが、現在の槍と穂高連峰の山容からはどのように火山活動が進行したのか、私の火山知識ではうまく説明できそうにない（『理科年表』平成二八年版では「槍・穂高」の連称は解消され、「穂高岳」だけの単独称になっている）。穂高連峰に囲まれた涸沢《からさわ》は、中学・高校・大学でも氷食地形のカールだと教わった。

槍と穂高が一体の火山とすれば、涸沢は噴火口、もしくはカルデラに該当するのだ

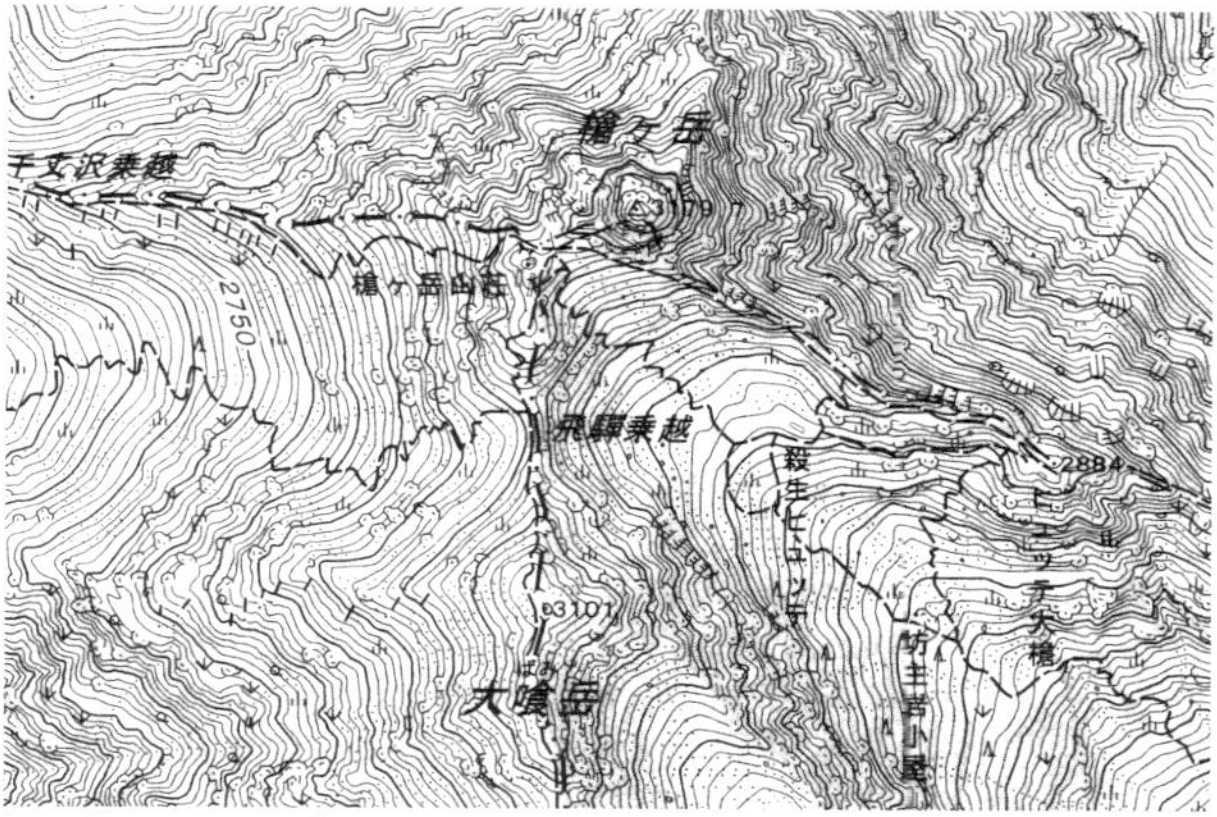

槍ヶ岳　25万分1「槍ヶ岳」（平成26年）

ろうか。平成二六年（二〇一四）十一月二七日、御嶽山で突如、水蒸気爆発が起き、死者・行方不明者計六三名の大惨事となった。登山家の常識では、飛騨山脈（北アルプス）は隆起山地で、活火山も所どころ混じるが、大規模な噴火は起きない、と信じ込んでいるのではないか。

　私は平成二五年、名古屋の中日新聞社から頼まれて、「中日文化センター」の文化講座を六回担当した。名古屋周辺で起きた震災・水害・高潮災害などと地名との関連をあれこれ講義した。その最終回で、白山・御嶽山の火山災害の発生の可能性について触れておいた。白山も御嶽山もともに活火山で名古屋都市圏から一〇〇kmあまり、首都圏から富士山・箱根火山とほぼ等距離だが、「どちらがより危険か分かりませんヨ」、と伝えておいた。そして、そのほぼ一年後、あの惨事が起きたのであった。

055

穂高岳

ほたかだけ

総称　最高所は奥穂高岳（標高三一九〇m）
前穂高岳（標高三〇九〇m）　北穂高岳（標高三一〇六m）
涸沢岳（標高三一一〇m）　西穂高岳（標高二九〇九m）
〈旧称〉御幣《ごへい》岳

上高地《かみこうち》は、わが国近代登山発祥の地である。イギリス人ウェストンはじめ、内外の登山家や大学登山部が競って登った檜《ひのき》舞台であった。

それが昭和八年、梓《あずさ》川の峡谷に釜《かま》トンネルが通じると、バス・自動車が上高地に入れるようになった。それまでは安曇《あづみ》村役場のある島々《しまじま》から島々谷を溯《さかのぼ》り、徳本《とくごう》峠（標高二一三〇m）を越えるルートをたどって穂高神社奥社に出たが、このルート自体が登山のようなものだった。

今、シーズンには東京・銀座と同じファッションの女性たちが河童《かっぱ》橋を闊歩《かっぽ》している。違和感もあるが、日本人なら一度は河童橋あたりを散策することをお勧めしたい。

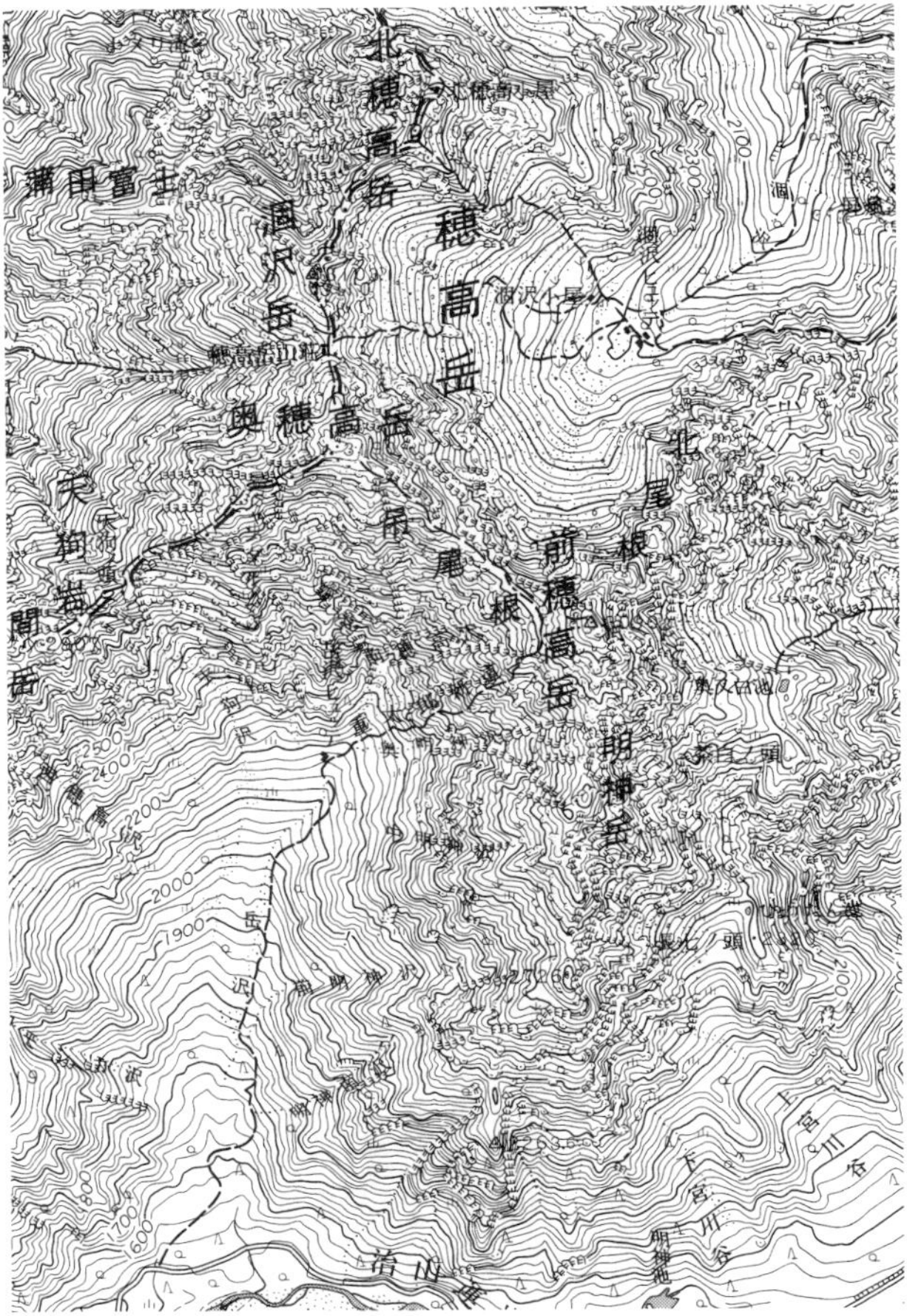

穂高岳　５万分１「上高地」（平成５年修正）

056

常念岳

じょうねんだけ

総称　最高所は常念岳（標高二八五七m）
前常念岳（標高二六六二m）
〈旧称〉常念坊

この山の名は長野県民はおそらく誰でも知っているのだろうが、他県出身の登山家には認知度は低いはず。私も四〇年ばかり前、安曇野はじめ同県下一円（山の麓から中腹、山腹まで）を二年間ほど取材してまわったが、そのとき初めて「常念岳」の名をはっきり認識した。取材ではもちろん、大糸線《おおいと》に何度も乗ったが、有明《ありあけ》駅付近から鋭く三角形に尖った山がよく見えた。ところが、大町市《おおまち》あたりからはその特徴ある三角形の山が見えず、傾いた台形にしか見えない。長軸に真横から向き合えば、当然、台形に見えてしまうのである。

山名語尾の「～坊」については、深田『日本百名山』自体が解説している。明治の初期、この山に最初に登ったイギリス人のウェストンが、道案内の猟師から以下のような話を聞かされたという。

——密猟者が谷間で野営をしていると、頭上から風に乗って経《きよう》の声と鐘《かね》の音が夜通し聞こえてきた。密猟者は良心の呵責《かしやく》を感じて、以後、この谷には立ち入らなかった、という。村人は、この山を「常時、念じ続けた僧がいる山」として「常念坊」と名づけた。それがのち、「常念岳」となった、という。

ホ（穂）は山名語尾・岬角名語尾にも使われるから、連濁でボ・ボウと濁《にご》って当て字されることもありうる。

私の郷里の大字に「犬ン坊《いぬんぼう》」という名の標高二〇〇m余の尖った岩山がある。「犬」というからには山犬がいるに違いない、と悪ガキどもが誘い合って〝探検〟してみたが、砂防工事が進行中の山で、生き物の姿はなかった。

イヌ（去《い》ぬ）とは「山肌が崩れ去った」という意味で、千葉県の犬吠埼《いぬぼうざき》と同類。ンは格助詞ノの撥音化、ボウはホ（穂）の濁音化・長音化である。

057

笠ヶ岳

かさがたけ

標高二八九八m
〈旧称〉肩ヶ岳・迦多賀《かたが》岳・大《かさ》ヶ岳

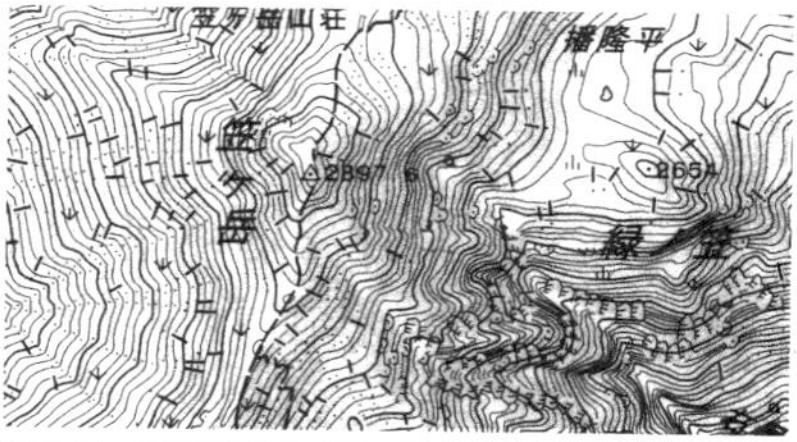

笠ヶ岳　2.5万分1「笠ヶ岳」(平成26年)

深田久弥は、「山名には編笠山・衣笠山など多いが、……」とし、「表から眺めると笠に見えても横に回ると全く形の変わるものもある……」と述べる。登山家はそれで必要にして十分な情報なのだろうが、地名一般に関しては一知半解《いっちはんかい》と言わざるをえない。

カサという言葉は、具体的な物の名前である前に、カ(上)・サ(方向を指す接尾語)でもある。地名でいえば、カサ・マという語は茨城県笠間市がその代表だが、現地で「笠型の山」をいくら探しても見つかりはしない。飛騨北部の山

あいの笠ヶ岳周辺でも「笠型の山」をいくら探しても場所と天候その他の条件では、
それらしき山が見つからないこともありうる。

058

焼岳

やけだけ

標高二四五五m
〈別称〉硫黄岳

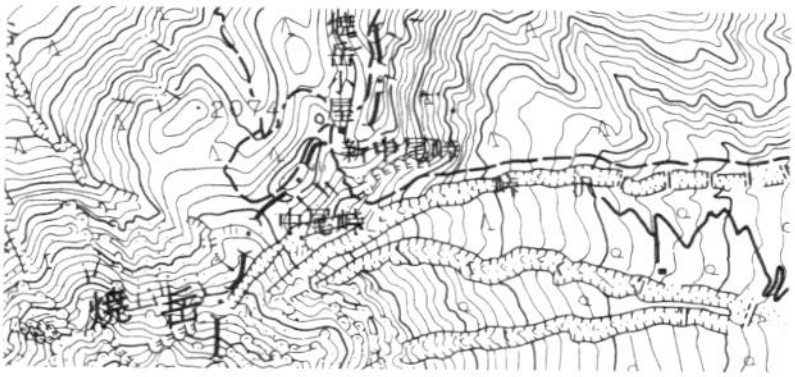

焼岳　5万分1「上高地」（平成5年修正）

北アルプス（飛騨山脈）の中部にあって、誰見まごうことなき活火山である。大正四年（一九一五）六月六日、この焼岳が突如として水蒸気爆発を起こし、火山泥流が梓《あずさ》川を堰《せ》き止めて大正《たいしょう》池の景観をつくった。

この焼岳や妙高火山近くの焼山ほか、「焼～」の語形の山は、活火山が多いように思われがちだが、実は火山起源のものは北方領土の例を含め七カ所ほどしかない。他の三〇余カ所は焼畑起源、あるいは焼畑類似の野焼き慣行に由来する。焼畑などというと、遠く古い時代の農業慣行と思われがちだが、貧しい農民はほんの二、三百年前まで共有林に火入れし、雑穀を栽培して生き延びてきた。

059

乗鞍岳

のりくらだけ

総称　最高所は剣《けん》ヶ峰《がみね》（標高三〇二六ｍ）
権現池《ごんげんいけ》火山帯・鶴《つる》ヶ池《がいけ》火山帯・烏帽子《えぼし》火山帯
乗鞍二三峰　剣ヶ峰　大日岳　朝日岳　摩利支天岳　里美岳　富士見岳…
〈旧称〉位山　安房《あぼう》山・鞍ヶ峰

深田久弥は、乗鞍岳の旧称は「鞍ヶ峰」といい、頂《いただき》がたるんで乗鞍の形をしているところから山名になったとする。旧称「鞍ヶ峰」とは、火山地形で稜線の至る所に凹凸がある地形から出た称。

騎乗者が腰を下ろす場所にあたる鞍褥《くらしき》部分がそんな不安定な状態では、乗馬用の鞍にはならない。

私は学生時代の昭和三九年、友人ら三人で名古屋大学で開かれた日本地理学会に出席した帰路、飛騨の高山に遊んだことがあった。

当時、登山部に属さない学生でも、「乗鞍岳は馬の鞍の形の稜線」という説は、広

乗鞍火山群　五万「乗鞍岳」（昭和 63 年）

く流布《るふ》していた。

飛騨高山の高山城址に立って、はるかかなたの乗鞍岳の稜線を眺めた。一見して、馬の鞍に見立てできるような稜線では、とてもなかった。長野県側の乗鞍高原へは、その十数年後、取材で一泊した。こちら側からも乗馬の鞍には見えなかった。

伝統的土木用語のノリとは「斜面」のことで盛り土をした道路などの斜面、逆に切り通し状に穿《うが》った両側の斜面も「ノリ面」である。

一方のクラは、岩科小一郎《いわしなこいちろう》著『山岳語彙』（昭和一五年、体育評論社）では「岩・岩壁・崖・嵓《くら》」と説明する。山岳地名だけでなく、鎌倉はじめ「〜倉」「〜藏」の地名は平野部にも多数あり、日本語の基本的地名用語の一つである。

竪穴住居の時代、人々は竪穴の側壁を穿《うが》った横穴を食料品などの貯蔵庫とした。天然自然の力、水・氷・雪・風などが大地を削るのも人間が自力で穴を穿つのも、ともに動詞クル（刳）に関係する。

060

御嶽

おんたけ

総称　最高所は剣ヶ峰（標高三〇六七ｍ）
摩利支天山《まりしてん》（標高二九五九ｍ）　継子岳《ままこ》（標高二八五九ｍ）
〈別称〉御岳《みたけ》・御岳山《おんたけさん》・御嶽山《おんたけさん》

深田久弥は、北アルプス南部にあってこのヴォリュームある山は「一王国を形成している」と表現する。東西・南北それぞれ三〇㎞近く、伊豆諸島の三宅島にほぼ等しい図体の火山が、本州の中央部にデンと居座っているわけだ。

しかも、どうやらこの巨大火山は、数々の噴丘や火口湖・溶岩流などの火山地形があまり開析《かいせき》されていないところからすると、形成されて比較的新しく、いまだ発展途上であるらしい。

有史以来、一度も噴火記録がなかったのに、昭和五三年から五四年（一九七八〜七九）にかけて王滝村を震源として群発地震が発生、続いて昭和五四年（一九七九）にも剣ヶ峰南斜面の小火口群から中規模の水蒸気爆発、降灰は群馬県前橋市付近にまで

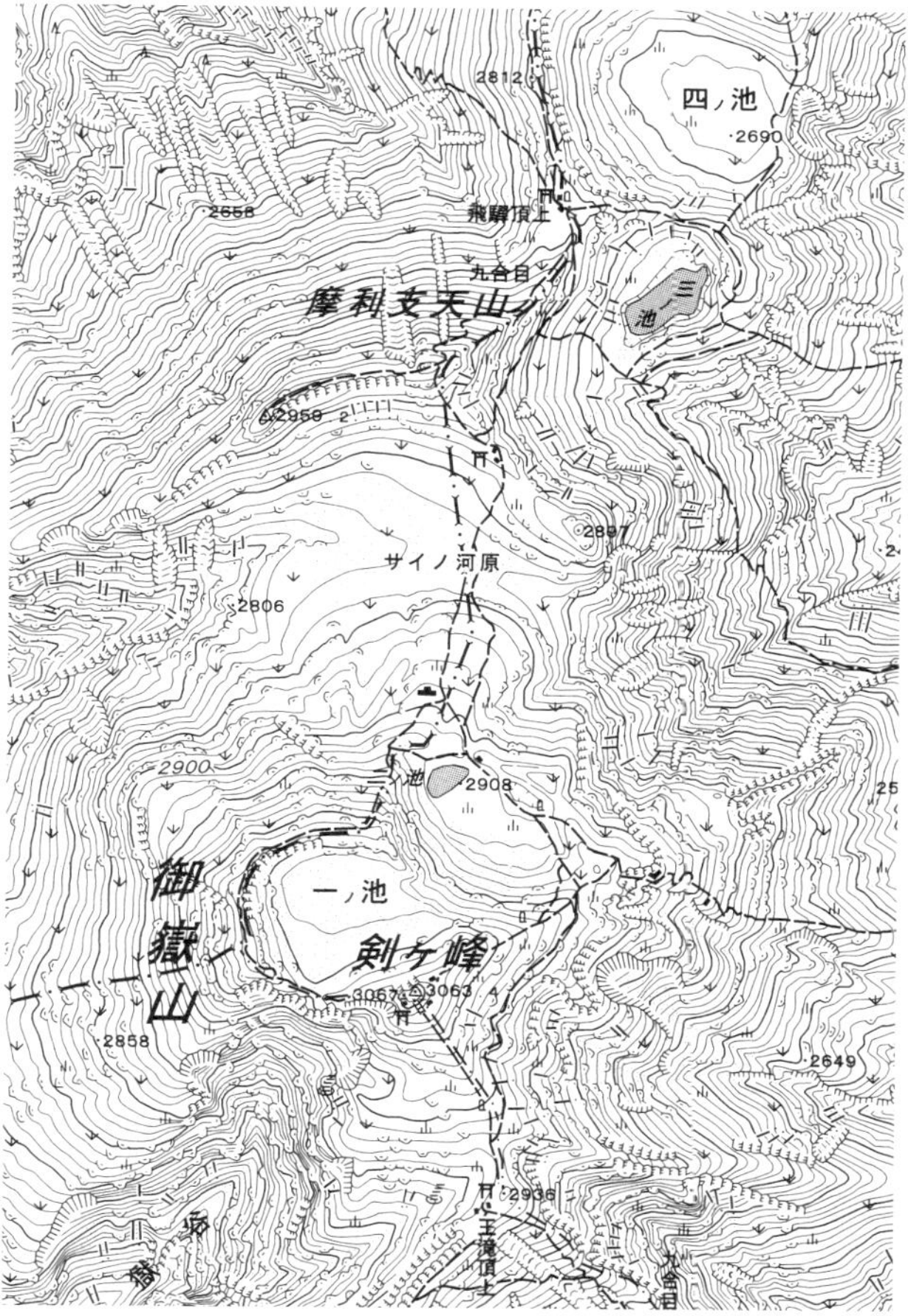

御嶽火山群　2.5 万分 1「御岳山」（平成 25 年）

及んだ。そして昭和五九年（一九八四）九月一四日、長野県西部地震（M6・8）が発生、のちに「御嶽崩れ」と呼ばれる土石流（岩屑崩れ）で二九名もの犠牲者を出した。

私は登山家ではないが、この火山の動静は、一刻も油断ならないぞ！　と気がかりだった。その後も数年置きに水蒸気爆発を繰り返していたが、ついに平成二六年九月二七日、火砕流を伴う大規模水蒸気噴火が発生、死者・行方不明計六三名の大惨事となった。

この火山の噴火活動は、地震（岐阜県東部を走る阿寺《あでら》断層系）とどうやら深く連動しているらしい。

もう一つ、平成二六年九月の大惨事で改めて痛感させられたことは、「御嶽」・「御岳」・「御嶽山」・「御岳山」……などなど、官庁ごとに山名表記がまちまちなことであった。

喫緊《きつきん》の場合、このような地名表記の齟齬《そご》は、被害を大きくすることにはなっても、小さくすることには絶対にならない、ということである。

過去の経緯はあろうが、こと災害に関連する事柄については、さらに大局的視野で再検証されるべきであろう。明治以来の陸軍参謀本部陸地測量部の測量自体、山名策定については必ずしも万全なものだったとは言い難かった、と指摘しておく。

061

美ヶ原

うつくしがはら

総称　最高所は王ヶ頭（標高二〇三四ｍ）
王ヶ鼻（標高二〇〇八ｍ）　茶臼山（標高二〇〇六ｍ）
牛伏山（標高一九九〇ｍ）　物見石山（標高一九八〇ｍ）
鹿伏山《しかぶせやま》（標高一九七七ｍ）

美ヶ原　５万分１「和田」（平成３年修正）

私は約四〇年前、松本城と城下町の取材を終えて、夕刻、美ヶ原にタクシーで取材に入った。市の職員氏を通じて市営国民宿舎を予約し、荷物を置いてすぐ、まずは最高所の王ヶ頭《おうとう》に向かった。五月中旬、まだ雪が残る季節で、その残雪の上を冬毛の野兎《のうさぎ》が跳び跳《は》ねて出迎えてくれた。

その夜、宿舎の従業員氏から取材拠点の概要を聞き、翌午前中に「塩くれ場」や尾崎喜八《おざききはち》の詩碑ほかの写真を撮って、夕刻までに下山すればいい、と考えていた。翌々日は国鉄ストの予定日で、最後に山本小屋《やまもと》に寄って追加取材すれば十分のはず、だった。

ところが、山本小屋（新館）では若主人が出迎えてくれて、予定が大幅に狂うことになった。私のその時の取材に若い女性向けの観光地の取材だから、山や登山が対象ではなかった。美ヶ原の開発は昭和の初め、山本小屋主人が大いに尽力されたことはそれなりに知っていたが、その登山界における実情はまったく認識していなかった。

その夜、若主人から美ヶ原の〝すべて〟を取材した。

二度ほど、「美ヶ原」の命名起源について尋ねたが、「あれは昔からあった名前ですヨ」と簡単にかわされた。最終的には、「じゃあ、国会図書館で調べてみます」と、取材で聞き出すのは諦めた。

週刊誌の記事は、その週に一本、次週に二本、その翌週は次の収材先三回分の下調べ、という進行になる。で、結局この時、私は国会図書館での地名「美ヶ原」の由来確認はしなかった。

昭和五四年（一九七九）の暮、平凡社『日本歴史地名体系20　長野県の地名』を入

手にして初めて、天保五年（一八三四）の『信濃奇勝録』に名が記されている、と知った。

062

霧ヶ峰

きりがみね

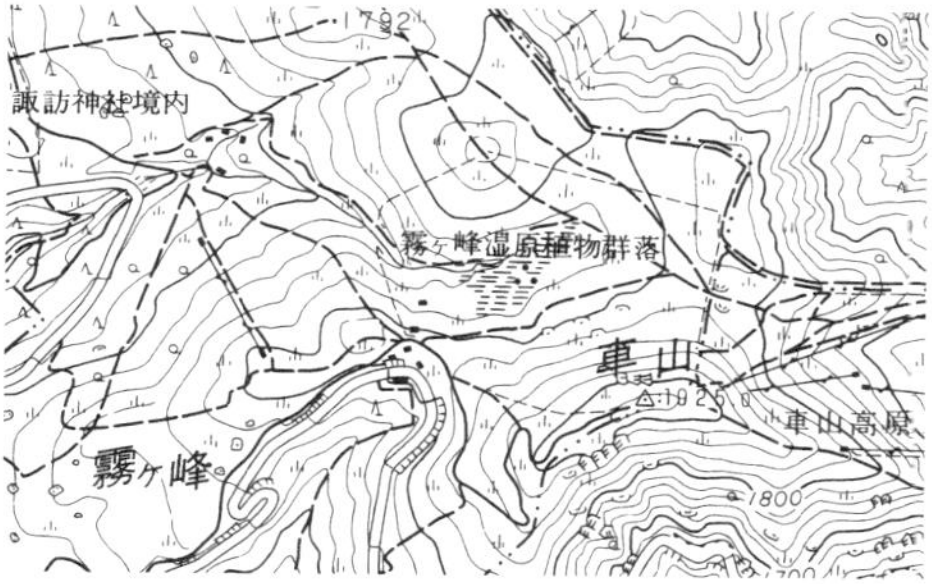

霧ヶ峰　5万分1「諏訪」（平成15年）

総称　最高所は車山（標高一九二五m）
蝶々深山《ちょうちょうみやま》（標高一八三六m）　殿城山《でんじょうざん》（標高一八〇〇m）
鷲ヶ峰《わしがみね》（標高一七九八m）

第四紀に噴出した安山岩質の溶岩台地で、標高一六〇〇〜一九〇〇m級の高原に三〇〇〇haもの広大な草原が広がる。噴出後、断層作用や氷河期の地形変動作用によって、緩傾斜の地形や泥炭層からなる高層湿原が形成されたものである。「霧ヶ峰」の名は南西側直下に諏訪湖の水面を控えて湿気が多いという気象条件によるが、江戸期の絵図類にはすでに記載されている、という。

また、北側の和田《わだ》峠付近は黒曜石《こくようせき》の一大産出地で、南の茅野《ちの》市には尖石《とがりいし》遺跡ほか多数の先土器遺跡〜縄文遺跡群が集中する。

063

蓼科山

たてしなやま

標高二五三一m
〈別表記〉立科山
〈別称〉高井山・飯森山・位山・諏訪富士

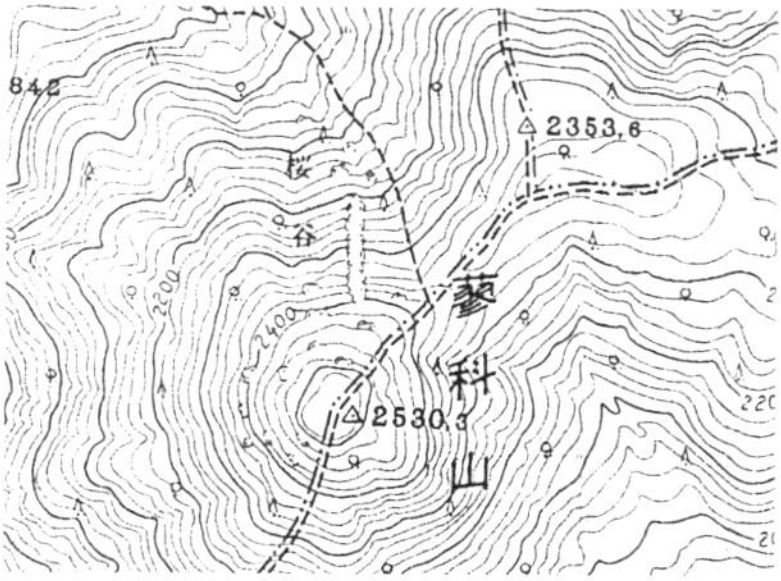

蓼科山　5万分1「蓼科山」（昭和45年）

地形区分上は、フォッサマグナ沿いに噴出した八ヶ岳火山群（次項）の西列の最北端に位置する。

約二～四万年前に噴出した安山岩系の成層火山の上に溶岩ドームが載った比較的新しい火山で、頂上には直径一〇〇mほどの火口が口を開け、その周辺一帯には溶岩塊《かい》が累積する。南八ヶ岳の連峰が険《けわ》しい山岳景観を示すのに対し、美ヶ原・霧ヶ峰とともに樹林や草原に覆われて比較的なだらかで、優美な山容を示す。

第二次大戦後、灌漑用ダムの白樺《しらかば》湖が北西麓に、蓼科湖が南西側に造営され、山麓一帯は別荘地・保養地が開発され、ゴルフ場などのレジャー施設が多数立地、観光地として大発展した。

064

八ヶ岳

やつがたけ

総称　最高所は赤岳（標高二八九九ｍ）
夏沢《なつざわ》峠を境に北八ヶ岳と南八ヶ岳に区分される。
〈南八ヶ岳〉編笠山　西岳　権現岳　立場《たつば》岳　阿弥陀岳　赤岳　美濃戸《みのと》
中山《なかやま》　横岳　硫黄岳　峰ノ松目《みねのまつめ》
〈北八ヶ岳〉天狗岳　茶臼山　縞枯《しまがれ》山　雨降山　横岳　二子山　蓼科山

谷文晁『日本名山図解』より

八ヶ岳は、南の編笠山から北の蓼科山まで南北二〇km余りの間に、二〇以上の火山が二列にわたって弧状に分布する（地図参照）。

まず古期の火山活動としては、約一三〇万年前、南八ヶ岳周辺で安山岩系の溶岩が噴出し、一帯における古期の火山活動が始まった。続いて一〇〇～一二〇万年前、北東部の北八ヶ岳一帯で、玄武岩系溶岩が噴出した。古期火山活動は、さらに数期にわたって続いた。

そして新期の火山活動が約二〇万年前から継続し、一〇万年から数万年置きに数期の活動期があり、約二万三〇〇〇年前とされる北八ヶ岳西列の横岳の噴火を最後に、明瞭な噴火活動は停止している。

なお八ヶ岳連峰北東部山麓の松原《まつばら》湖は、平安前期の仁和四年（八八八）、天狗《てんぐ》岳あるいは稲子《いなこ》岳の水蒸気爆発による山崩れで形成された堰止湖《せきとめこ》だという。

八ヶ岳における火山の配列

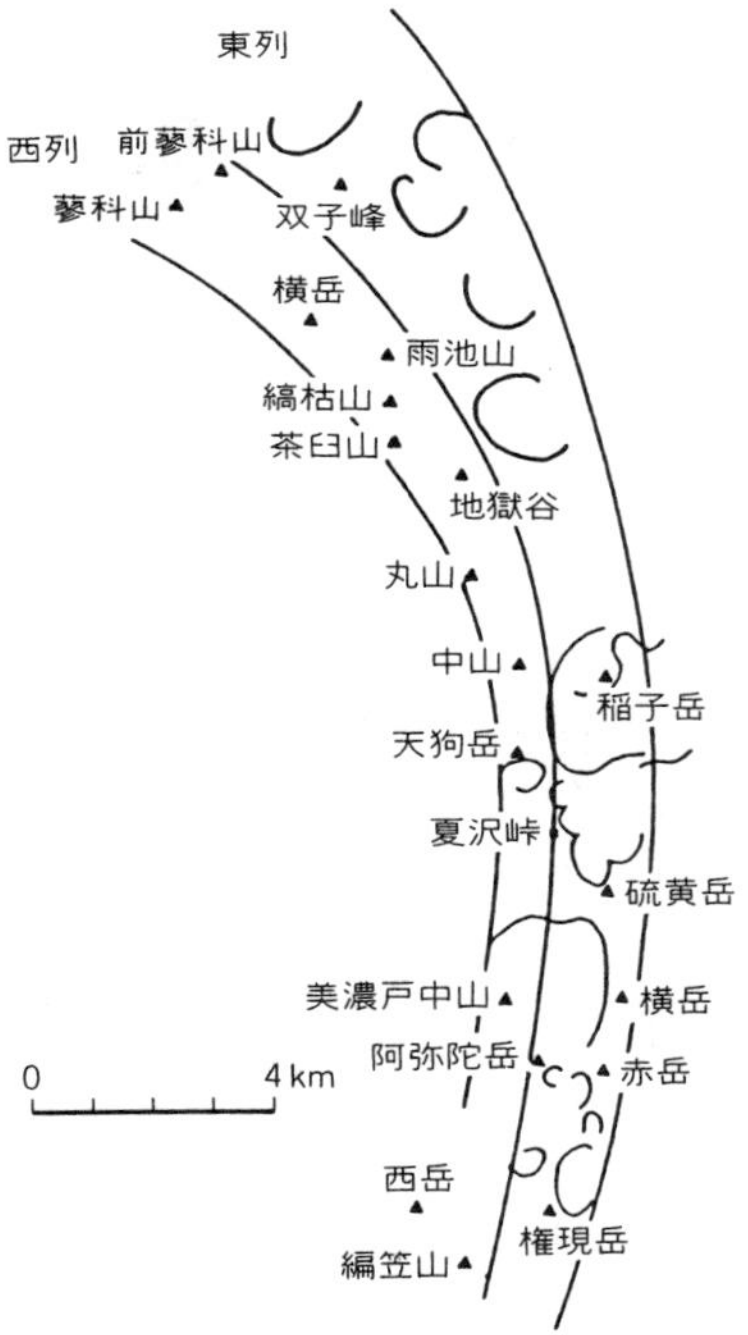

荒牧他編　理科年表読本『空からみる日本の火山』丸善刊

065

両神山

りょうがみさん

標高一七二三m
〈別称〉竜神山　八日見山《ようかみ》
〈別訓〉りょうかみさん

⑥⑤両神山

かつては「秩父古生層」と呼ばれた硬い堆積層（チャート）が隆起した山塊で、方形の特異な山容の頂部はこれまた特異な鋭い鋸歯状《きょし》を示す。江戸期、信仰登山で栄えた。深田久弥『日本百名山』は、木暮理太郎のいう「ヤ（八）・ヲカミ（大蛇《おろち》）の転」という説を紹介する。

木暮理太郎は著名な登山家であるとともに、大正初期〜昭和戦前期にかけて多くの山名語源解を発表した。だが、まだその時代は山名のみならず、地名の語源研究の環境（資料整備・論理構成）が不十分の段階で、木暮説も妥当だったとはいいがたい。

ちなみに漢字「竜（龍）」の漢音はリョウで、「竜」が「両」に置き換わっただけかもしれない。それでもなお、〝重箱読み〟の地名という不自然さは残るが……。

066

雲取山

くもとりやま

標高二〇一七m
〈別称〉雲採山《くもとりやま》

東京都の最高峰。深田久弥は「東京からは奥秩父の高峰群は打ち重なって容易に見分けがたいが、雲取だけはハッキリ見える」と称賛する。そして、山名の由来について俗解と断わりながら、「雲を手に取らんばかりに高い」という意味か、と述べる。

なお、「雲取」の山名は、紀伊牟婁《むろ》郡の熊野那智《くまのなち》大社北方の大雲取山、その山峰を越える大雲取越の名による、とする説がある。三峰《みつみね》山も熊野三山もともに修験道の舞台であったが、熊野三山は平安期からの長い歴史があり、しかも大雲取越は熊野本宮と那智大社を結ぶ主要参詣道であった。

関東の雲取山は三峰信仰の一山で、石《いし》権現を祀った〝奥の院〟的存在だが、那智の大雲取山に比肩できるような存在ではない。

「雲取山」という山名はほかに京都府・福岡県などにもあり、日本人には古来、「雲を取る」というような比喩的命名法があったとみるべきだろう。

067

甲武信ヶ岳

こぶしがたけ

標高二四七五m
〈別称〉甲武信岳
〈旧称〉三方山《さんぼうやま》

この甲武信岳（甲武信ヶ岳）の山名の由来は、かなり怪しい。三国名の頭字を採って山名などを自然地名にする風は、基本的に江戸時代まではなかった。所領関係や利用権をめぐって、紛争の基《もと》になりかねないからである。

古代以来、国や郡の境界は、かなり曖昧《あいまい》だった。たとえば瀬戸内海の小豆島《しょうど》ほか備讃《びさん》諸島の帰属は歴史上、必ずしも画然としてはいなかった。山奥の山頂の場合も、明らかな利害関係があろうとなかろうと、揺れ動いていた。

だから、三国の頭字を採って「甲武信」とし、それを「こうぶしん」ではなく他に例のない「こぶし」と読むなど、およそありえない話である。私はむしろ、山容が拳型の山を地元民がコブシ（拳）と呼んでいたのに対し、明治期に陸地測量部の測量隊が三国の国境だったという測量成果に合わせて「甲武信」の表記を与えた、と考える。

068

金峰山

きんぷさん

標高二五九九m
〈別称〉幾日峰《いくひのみね》
〈別訓〉きんぷうさん・きんぽうさん

山頂部は全山、黒雲母《うんも》混じりの巨岩・奇岩がそそり立つ。山頂西側の五丈石《ごじょういわ》の基部には大和・吉野から勧請《かんじょう》した金剛蔵王権現《こんごうざおうごんげん》像が祀られているが、これは修験道が盛んな頃、大和・金峰山（山上ヶ岳）から勧請したものである。深田久弥はあれこれ詮索して結局、各地の金峰山の名を挙げて「大和・金峰山から蔵王権現を遷座《せんざ》した山を、すべて金峰山と名づけたのではあるまいか」と推測している。

実は、この推測は正しいと思われる。全国に「金峰山・金峯山」と書いて「きんぷさん」・「きんぽうざん」と読む山が一〇カ所ほどあり、すべて蔵王信仰の山である。

なお、「各地の「金〜山」という語形の山もすべて、修験系の山の可能性がある。

私の郷里、岡山県児島《こじま》半島の最高峰・金甲山《きんこうざん》（標高四〇三m）はテレビ塔が建ち観光地化したが、私は観光地になる前、昭和三二年の五月（中学一年）、新しい友人と二人で運動靴姿で登った。山頂には小祠があったが、わがムラ（大学）を本拠とする児島修験の行場・参詣所であったのだろう。

069

瑞牆山

みずがきやま

標高二二三〇m
〈旧称〉瘤《こぶ》岩

69 瑞牆山

立派すぎる山名である。深田久弥は「昔の人はこんな凝《こ》った名前はつけない」と一蹴《いっしゅう》しつつも、「由来はどうあれ、瑞牆という名は私は大へん好きである」と述べる。

そして、この例のない山名について、自分の勝手な憶測と断わりながら、山稜が三つに分かれる所が「三繋《みつな》ぎ」と呼ばれていたのを「ミズガキ」と聞き誤り、誤記されたのではないか、と推測している。この説は、『角川日本地名大辞19　山梨県』（昭和五九年）と『平凡社歴史地名体系19　山梨県の地名』（平成九年）も、そのまま継承する（ただし、深田の名も『日本百名山』の書名も、なし）。

実は、『日本３００名山ガイド　東日本編』（新ハイキング社、平成六年）には、「山名は、明治末期に当時の山梨県知事が命名したとする説が有力」と明記する。

070

大菩薩岳

だいぼさつだけ

最高所は大菩薩嶺（標高二〇五七m）
現・大菩薩峠は標高一九〇〇m
〈地形図名〉大菩薩峠
〈旧称〉鍋頭《なべがしら》・大黒茂《おおくろも》ノ頭《のあたま》・萩原《はぎはら》山

⑩大菩薩岳

深田久弥がこの山に初めて登ったのは大正一二年（一九二三）のこと、中央本線初鹿野《はじかの》駅で下車、嵯峨塩《さがしお》鉱泉、雁《がん》ケ《が》腹摺《はらす》・小金沢《こがねざわ》山を経て大菩薩峠に達した、とある。

深田の帰路は、暗くなるころ現・甲州市上萩原の裂石《さけいし》にある臨済宗雲峰《うんぽう》寺に降り、そこで食べた蕎麦のうまかったこと、などを記している。そのルートを辿《たど》ると、深田一行は今の大菩薩嶺を経由したことはほぼ間違いない。

渡辺光監修『日本地名事典　2』（昭和三〇年、朝倉書店）によれば、「以前は大菩薩嶺の近く（標高）一九八〇

mの地に峠路があったが、風雪強く、…冬季には凍死者を出す難所とされたため、一八七六年（明治九）に現在の地点（標高一八七九m）に移された」とある。

一方、大菩薩峠は上・下の二路があり、上峠は甲府盆地から丹波山村《たばやまむら》へ、下峠は小菅村《こすげむら》に通じていた（平凡社『日本歴史地名大系　19　山梨県』）という。さらに付け加えれば、相模川上流の桂川支流・葛野川《かずのがわ》の谷にも石丸峠を経由して通じていたはずである。また、平凡社『歴史地名大系』は『甲斐国誌』を引用して、萩原村山の項では「東ノ方都留《つる》郡ニ界フ　南ハ初鹿野山・牛奥山ナリ、嶺《タウゲ》ヲ大菩薩ト云フ」とある記事を載せ、今の大菩薩嶺を大菩薩峰、ここから南の連嶺を大菩薩嶺と呼んだとする。

つまり、甲斐国の国中《くになか》と郡内《ぐんない》地方とを結ぶ峠路として、北は鶏冠山《けいかんざん》（標高一七一六m）から南は黒岳（標高一九八八m）にかけての連嶺が「大菩薩峠」の名で呼ばれていた、ようにも思える。明治一一年（一八七八）、近代の青梅《おうめ》街道（国道四一一号）は鶏冠山の北麓を抜け柳沢峠《やなぎさわとうげ》を経由するルートに変更されている。

中里介山『大菩薩峠』の舞台・タイトルとされたのは、その長い連嶺のどこか、不明である。あるいは、険しい連嶺のイメージを借りて小説の舞台としたのかも知れない。

071

丹沢山

たんざわやま

総称　最高所は蛭ヶ岳《ひるがたけ》（標高一六七三m）
檜洞丸（標高一六〇〇m）　丹沢山（標高一五六七m）　塔ノ岳（標高一四九一m）　大山（標高一二五二m）

㉛丹沢山

深田久弥は百名山に選んだ理由として、は山塊中の一峰の丹沢山（標高一五六七m）ではなく、「全体としての立派さである」と述べている。この個別の峰としての「丹沢山」は古く「三境《みつざかい》」と呼ばれていたのに、陸地測量部の地形図作成時に山域全体の名称が個別の山名に登録されたらしい（『角川日本地名大辞典　14　神奈川県』五八〇ページ）。

なお。三省堂『日本山名事典』は、「丹沢のタンは谷を意味し、サハも谷という古代朝鮮語から来ている」と述べている。タンザハのタンが「谷」の転訛（撥音便）であろうことは、小学校の「社会科地図帳」を手にしたころから気づいていた。だが、サハが朝鮮古語という説にはとても承服できない。サハは『万葉集』にも多数使われた日本の古語で、古代朝鮮語とは同じウラル・アルタイ語という以上の関係はない。

タンザハについては、今回、地形図を細かく眺めていて、蛭ヶ岳と丹沢山の中間地点に「棚沢《たなさわ》ノ頭《あたま》」なる注記を見つけた。それならば、陸地測量部の測量手（師）と案内人とのやり取りの詳細も見えてくる、というもの。

丹波については、私は二〇年あまり前、一緒に仕事をしていた某大手出版社事典局の仲間と一泊のスケジュールで遊びに行ったことがある。地形図で記憶をたどると、宮ケ瀬ダム工事現場から相当奥深く分け入った谷の源流近くの沢だった。

もちろん、軽装で車旅だったから、〝登山〟などと言うつもりはない。ただ、山の空気たっぷり吸えた。

072

富士山

ふじさん

最高所は剣ヶ峰（標高三七七六m）
白山岳（釈迦ヶ岳　標高三七五六m）伊豆ヶ岳（阿弥陀岳　標高三七四〇m）駒ヶ岳（浅間ヶ岳　標高三七一〇m）三島《みしま》岳（文殊ヶ岳　標高三七三〇m）朝日《あさひ》岳（大日岳　標高三七三〇m）久須志《くずし》岳（薬師ヶ岳　標高三七二〇m）勢至《せいし》ヶ岳（成就ヶ岳　標高三七三〇m）（以上、山頂八峰）、ほかに、宝永山（標高二六九三m）、ほか側火山・寄生火山約七〇
〈別称〉不二・不尽・布士・富慈・芙蓉峰・富岳

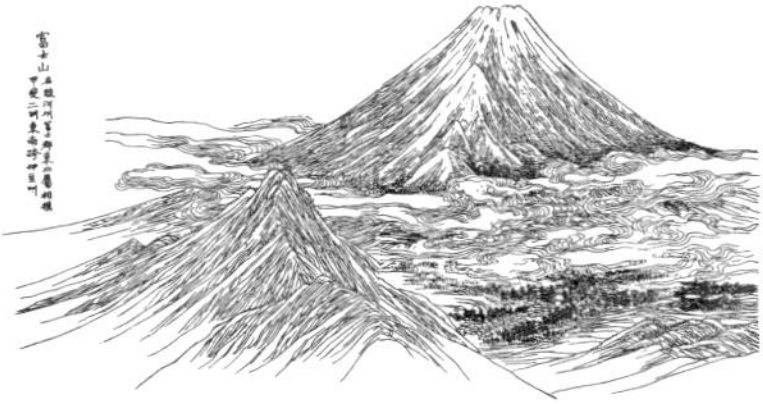

谷文晁『日本名山図会』（青渓社刊）より

富士山は高さと山容ともに日本一の山であり、古来、無数の詩歌・文芸に取り上げられてきた。その山名由来考察も、文芸作品の数に対応して数多く論議されてきた。

私のかつての研究仲間には「郡名がもとで山名はその二次的名称」とする論者もいるが、私はそうではなく、「地名は人体部分名詞と共通する」という大原則に従って富士は人体のフシ

（節）と同義と見る。まず、目の前で右手でも左手でも握り拳を造って目の前に差し出してみるとよい。その第二関節が三角形に盛り上がっている。その形は火山にそっくりだろう。植物の節も同じで、小枝が生ずる所だから小高く盛り上がっている。この形は、地名の場合も共通する。地名のフシは小高く盛り上がっている所なら成因は問わないが、小枝が生成する状況は、火山が噴出物を盛んに吹き出す情景とよく似ている。『竹取物語』が竹の節間に姫が生誕し、富士山に物語の結末を求めているのは、節と富士の繋がりをそれとなく示唆《しさ》しているようにも読める。

ところで、私は昭和三二年夏、高校の集団登山で富士山に登った。富士宮登山道七合目か同五勺の山小屋でイワシの缶詰状で一泊。ご来光を仰いで無事、浅間神社奥宮前にたどり着いた。御殿場ルートの大砂走り経由で下山するまで二時間ばかり頂上で過ごしたが、高山病にやられて、何をする気も起きなかった。その間、運動部のモサ連の中にはお鉢めぐりをすませた者もいたようだが、私は親友から何度も「せめて剣ヶ峰まで行こうヨ」と誘われたが、微動だにできなかった。それでも、「富士山に登った」といえるのか、どうか」ご教示願いたいもの。

073

天城山

あまぎさん

総称　最高所は万三郎岳（標高一四〇六ｍ）
万二郎岳（標高一二九九ｍ）　小岳（標高一三六〇ｍ）　遠笠山（標高一一九七ｍ）

谷文晁『日本名山図会』（青渓社刊）より

伊豆半島南部に噴出したカルデラ成層火山。万二郎岳から万三郎岳に続く尾根は、カルデラ南壁が崩壊して北壁だけが残されたもの。

遠笠山は天城火山の側火山、伊東市の大室山火山群は、天城火山の寄生火山である。天城峠と万三郎岳の中間地点にある八丁池は旧・噴火口跡で、〝天城の瞳〟と呼ばれる。

天城山の山名由来については、木甘木（甘茶）の産地だからという説が盛ん。あるいは、アバ（暴・発）の転で「大きく崩壊した火山地形そのものを呼んだか。

074

木曽駒ヶ岳

きそこまがたけ

〈標高二九五六m〉
〈地形図名〉駒ヶ岳
〈別称〉西駒ヶ岳

谷文晁『日本名山図会』（青渓社刊）より

この項で深田久弥も山名論議からはじめているので、私も山名由来論議から始めよう。この駒ケ岳も、㉓会津駒ヶ岳ほかすべての駒ヶ岳同様、「駒形岳」だと考える。

ただし、この木曽駒ヶ岳の場合、一つだけどうにも釈然としないことがある。それは、木曽駒の北東約二・四km地点、同じ稜線上に、前山である將《しよう》棊《ぎ》頭山《がしらやま》（標高二七三〇m）が本体を隠すように立ちはだかっているのだ。この状況を、どう考えるべきか。本体の由来説が諸説紛々、入り乱れる間に、子分のほうが正説を乗っ取ったというわけか。地形図の等高線を読むかぎりでは、双方とも「将棋の駒型」だが。

075

空木岳

うつぎだけ

標高二八六四m
〈旧称〉前駒ヶ岳

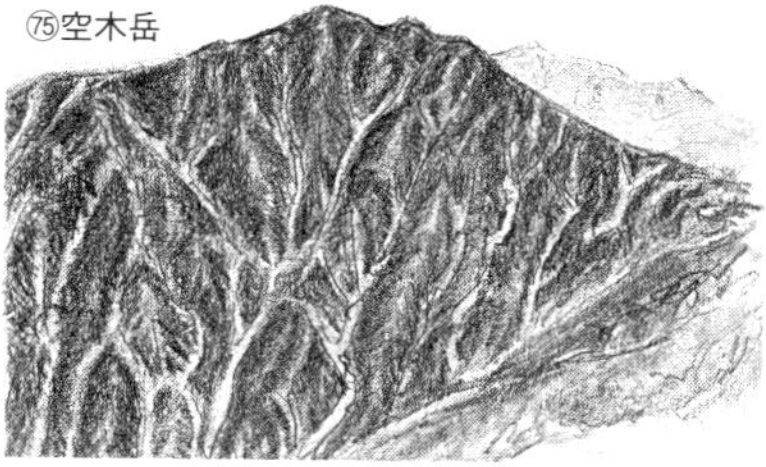
⑮空木岳

旧称の「前駒ヶ岳」の名は、『日本の山1000』（山と渓谷社　一九九二年）による。

同書は、営林署の「伊那谷経営計画地図」には「前駒ヶ岳」の名が記載されており、その後、名を変えたという。その新名の由来は、「伊那谷から眺めたとき、中腹以下は黒木の森なのに、山頂部は残雪模様が美しく、あたかも満開のウツギの花のように見えるから」という。ウツギとはユキノシタ科落葉低木で、各地の山野にふつうに生《は》え、茎《くき》が中空であることからウツ（空）キ（木）と呼ばれるらしい。枝葉を煎じて黄疸《おうだん》や咳止《せきと》めの薬とするという。「卯《う》の花」の名は歌で知っているが、どの植物なのか私には認識がない。

深田は、「空木、空木、何というひびきよい優しい名前だろう。私が詩人であったなら、空木という美しい韻を畳入れて、この山に献じる詩をつくりたいところだ」と絶賛する。登山家の人たちは、おそらくこの説に賛同されるのであろうが、私はとても賛成できない。なぜなら、ウツギ地名が中央アルプス（木曽山脈）の空木岳ただ一つ、ではないからである。

東京都八王子市や八丈島の宇津木、和歌山県古座川町や白浜町の宇津木が「卯の花」云々の説ではとても解釈できるとは思えない。

ほかにも、「打木」などの地名・苗字にしか使わない文字を使用した例が多数ある。山名といえども、日本の地名のうちだから、私は普遍性を求めて本稿を書く。

076

恵那山

えなさん

標高二一九一m

〈別称〉胞衣山《えな》・舟覆山《ふなぶせやま》・野熊山・横長岳

谷文晁『日本名山図会』（青渓社刊）より

平安前期の『和名抄』国郡郷部には、美濃国に「恵那郡」の名がある。同郡六郷のうち絵上郷《えのかみ》は現・岐阜県中津川市の旧・坂下町から長野県の木曽谷一帯に比定でき、同じく絵下郷《えのしも》は旧・中津川市と現・恵那市一帯であろう。

つまり、現・長野県の木曽谷は、古代には美濃国に属していた。地域の境界を自然の障壁（山脈の稜線や川の流路）で区切る風は、日本古来の伝統で（世界では必ずしもそうではない）、それならば木曽谷の大部分は美濃国に属するのは当然だった。

郡名「恵那」とは、木曽川の上流域という地理的位置からして、木曽川の浸食力の強い激流を「彫《え》る」と捉えた表現に他ならない。ちなみにエナ地名は、「江名・江奈・衣奈」などの表記で各地にあるが、方言用例では「川岸にある穴」（山口県）があり、やはり「彫る」に通じる浸食系の用語であろう。

077

甲斐駒ヶ岳

かいこまがたけ

標高二九六七m
〈地形図名〉駒ヶ岳
〈別称〉白崩《しろくずれ》山・東駒ヶ岳

⑰甲斐駒ヶ岳

この山は、私が「駒ヶ岳」＝「将棋の駒型の山」と最終的に確信するに至った記念すべき山である。今から二〇年ほど前、NHK総合テレビの夜一〇時台で、「銀河テレビ小説」というシリーズものの放送枠があった。

そのなかの一作で、母と思春期の一人息子が東京から山梨県の駒ヶ岳の麓《ふもと》の村に引っ越してくる物語があった。通常、私はテレビドラマを見ない。例外はテレ朝の「相棒」シリーズぐらいで、その前に見た唯一のドラマがこの「銀河テレビ小説」の一作だった。母子の確執あり、都会育ちの少年と地元の少年少女たちのトラブルあり、幼い恋ありで、小品ながらなかなか見ごたえがあった。

番組評はどうでもよい。シリーズの終わりころ、少年の背後に、画面いっぱいに、甲斐駒の〝雄姿〟が立ちはだかっていた。

「これは実写だ。セットではない！」というのが、私の実感。もう、ドラマの筋など、どうでもよかった。

その三〇年ほど前から、私は「コマ＝朝鮮古語説、馬の生産地説、馬の雪形説」などに強く反対し続けてきた。そのことは昭和五六年（一九八一）の『古代地名語源辞典』、同五八年（一九八三）の『地名用語語源辞典』（いずれも共著、東京堂出版刊）ほか私の著作物に一貫している。相手が金達寿であろうと、司馬遼太郎であろうと、高名な学者先生であろうと、私は遠慮なく批判し、自説を展開してきた。それが、私の使命だからであった。

私の主張は、地名コマは「回転するもの」であり、駒ヶ岳は駒形岳で、「将棋の駒形の山」に他ならない。『日本百名山』の読者の中にはもうすでにお気づきの方もおられようが、深田久弥自身、この「甲斐駒ヶ岳」の項目の冒頭から「日本アルプスで一番代表的なピラミッド」、「この端正な三角錐」と、私の判断と同じ考えを書き連ねているではないか。

078

仙丈岳

せんじょうだけ

標高三〇三三m
〈地形図名〉仙丈ヶ岳
〈別称〉千丈ヶ岳・仙丈岳・前岳・小河内《おがち》岳

⑱仙丈岳

深田久弥は「スッキリとして品がある」として、北アルプス（飛騨山脈）の鹿島槍と並べて絶賛する。

登山家ではない私には、山の品格をうんぬんする資格はない。ただ、古い別称の「前岳」の名について、「前岳とは甲斐駒ヶ岳に対していわれたのであろう」と記すが、これには首を傾げざるをえない。伊那谷の人たちが甲斐駒を目指すのなら、標高が甲斐駒より高い仙丈岳を登り降りするルートをたどる必要はまったくなく、北沢峠から直《じか》に甲斐駒に登ったはずだ。あるいは、「前岳」という呼称は、白根三山（北岳・間ノ岳・農鳥岳）に対するものだったかもしれない。

079

鳳凰山

ほうおうざん

総称　最高所は観音ヶ岳（標高二八四一ｍ）
薬師ヶ岳（標高二七八〇ｍ）　地蔵ヶ岳（標高二七六四ｍ）
赤抜沢《あかぬけさわ》ノ《の》頭《あたま》（標高二七五〇ｍ）　高嶺《ね》（標高二七七九ｍ）

⑲鳳凰山

巷間では「鳳凰三山」と呼ばれる山群。深田久弥は、五万分一『韮崎』図幅（当時）では「観音岳・薬師岳を鳳凰山とし地蔵岳は別にしてあるが、やはりこの三峰を含めて鳳凰山と呼んだ方が妥当と思われる」との論を張った。

この鳳凰山という総称の構成と地蔵岳・観音岳・薬師岳がどの峰を指すかについては、陸測五万図が発行された明治四〇年代前半から議論されてきた。だが、このテーマは山名異同問題というより地域史全般に関わる問題で、いまだ有効・適切な結論に至っていない。

平成一七年、地元自治体からの要請により、国土地理院は観音岳を観音ヶ岳、薬師ヶ岳に改定した。

080

北岳

きただけ

標高三一九三m
〈旧称〉甲斐ヶ根

⑳北岳

言うまでもなく、「白峰三山」の一つで、その最北に位置し、日本第二位の高峰。小学生のころ、「富士山の次の日本第二の高峰は山梨県の北岳」と教わったとき、「北岳」という方位称だけの山名に大いなる違和感を抱いた。間ノ岳・農鳥岳の表記にも関係してくるが、この山だけに冠称の「白峰」を冠してもよかったのではないか、と思えてくる。

樋口一郎『新釈　日本百名山』（東京新聞　二〇一四年）は「荒川三山」の一峰の「東岳」に対し「悪沢岳」の名に深田が固執するのに対し、「方位称だけの山名は南アルプスの最高峰

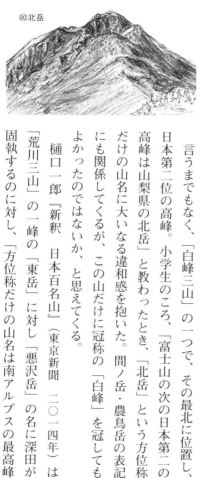

の北岳には何のお咎めもなしなのは〝差別〟ではないか」とこだわっている。もっとも、それは深田だけの〝責任〟ではなく、測量手と案内人にだけに山名選定の全権限を委ねた陸測のシステムこそ問題だったろう。

081

間ノ岳

あいのだけ

標高三一九〇m
〈別称〉相ノ岳（三角点名）
〈旧称〉農鳥山（『甲斐国志』）

81間ノ岳

日本第四位の高峰であり、雄大な山容だから、深田久弥が言うように、単独名で呼ぶことに異存はない。

しかし、深田も指摘するようにこの山は『甲斐国志』に従えば本当は「農鳥山」ではなかったか。

ところで、樋口一郎『新釈　日本百名山』（東京新聞　二〇一四年）は、「間ノ岳」は〝屈辱的〟な名称としつつ、声に出して読んでみれば「あいのだけ」で響きがいいと評価し、「名前は時として化ける。代馬岳が白馬岳になったように。もしかしたら将来『愛ノ岳』になるかもしれない……」と述べる。つづけて、「もちろん名前を尊重する向きには噴飯ものだろうけれども」と補足するが、私はその一人として〝噴飯〟するどころか、〝激怒〟したいぐらいだ。

082

塩見岳

しおみだけ

標高三〇四七m
〈旧称〉間ノ岳・荒川岳

㉜塩見岳

南アルプス（赤石山脈）中央部にあって「塩見」とは奇異な山名である。その名の起こりは西麓の下伊那郡大鹿《おおじか》村の鹿塩《かしお》鉱泉に関係する説が有力。鹿塩鉱泉の源泉は七ヵ所あったといい、山村では貴重な塩分として古くから利用されて、商品もされていた。

この山中の塩分は、地底にあった堆積地塊が隆起する際、海水を地層に封じ込め、その一部は岩塩となって陸地化したもの。その鹿塩鉱泉の北を流れる塩川はシヲ（塩）・ミ（水）の意で、その「塩水」が「塩見」に転じたものと見る。

なお、その塩川の源流は塩見岳の西南西三kmの本谷に発するが、深山のことだから山名も奇瑞を喜んで「塩見に転じたのであろう。

083

悪沢岳

わるさわだけ

標高三一四一m
〈地形図名〉荒川岳・東岳
〈別称〉連岳・地蔵岳

㊸悪沢岳

地形図は「荒川岳」を総称とし、西から東へ前岳・中岳・東岳の名を記す。この東岳が悪沢岳に当たる。

深田久弥は、『日本百名山』のこの項の末尾で読者に対し「どうか東岳と呼ばず、悪沢岳という名で呼んでいただきたい」と、懇願調の一文で締め括っている。

いったい「悪沢岳」とは何ぞや。明治三九年（一九〇六）九月、荻野音松という学生が大井川を溯って上流左岸の西俣から登頂を試みた登頂記に、案内人の猟師が「この西俣に注ぐ渓流は甚だ嫌悪で、悪沢と呼ぶ」と答えた、と記している。この登頂記が『山岳』第一年三号に掲載されて以来、登山界ではこの名が継承されてきた。

ただし、『角川日本地名大辞典 22 静岡県』では「この山は長野・山梨・静岡の三県で呼称が異なり」、山梨県では「悪沢岳」、静岡県では「地蔵岳」と記している。

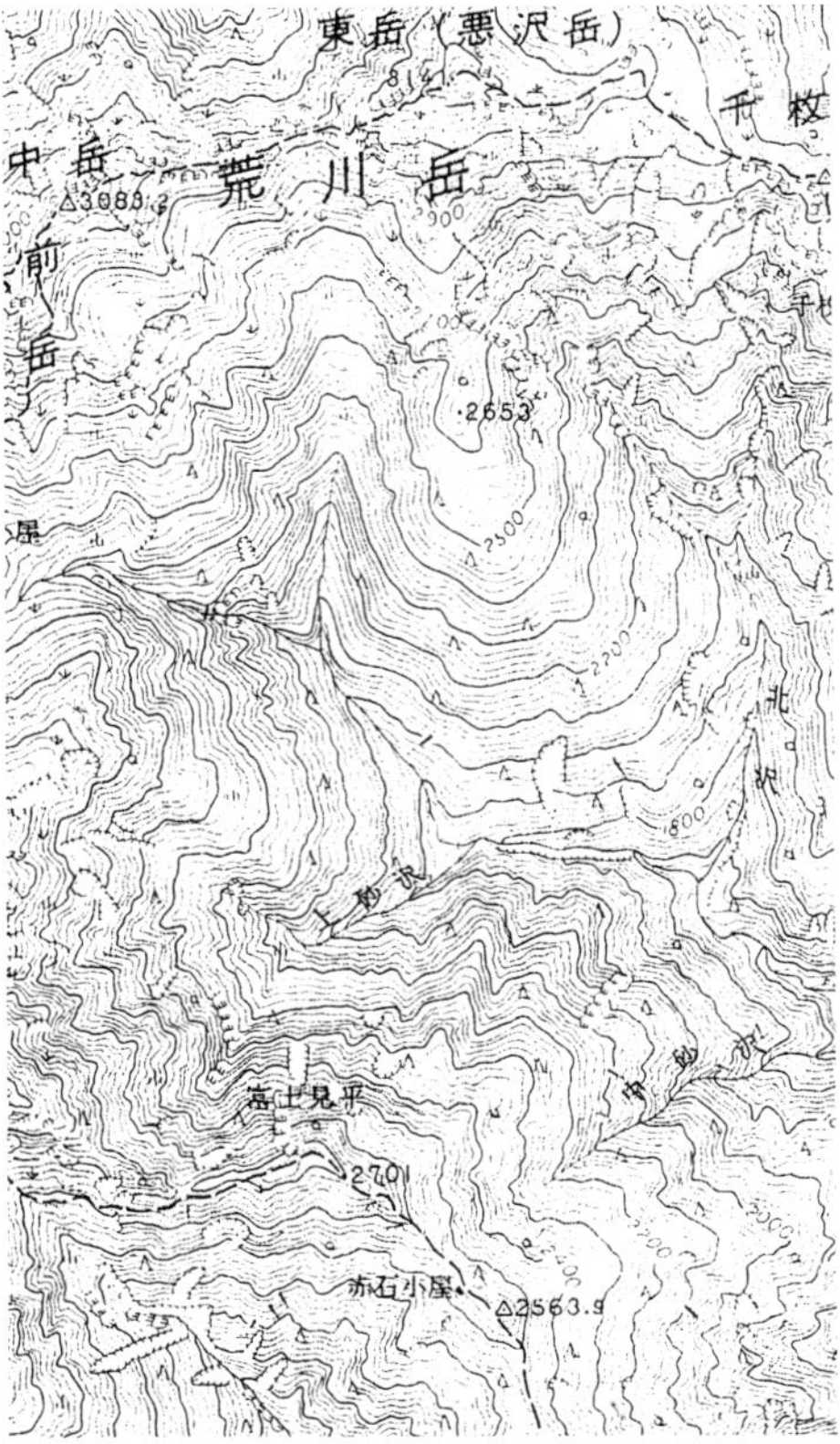

悪沢岳（東岳） 5万分1「赤石岳」（平成18年修正）

084

赤石岳

あかいしだけ

標高三一二一m
〈別称〉大河原ノ岳

通称「南アルプス」こと赤石山脈は、大別して北から木曽駒山系、白根山系・赤石山系に三区分される。赤石山系は赤石岳を中心とするが、その赤石岳の名は南側山腹を刻む赤石沢の名による。

深田久弥『日本百名山』は、小島《こじま》烏水《うすい》の「赤石山の記」（『山岳』第一年一号記載）の「赤石岳には赤い石が見られないが、須磨明石と同じく明るい輝きをもった岩を赤石と呼んだのでは」という説を紹介している。

それより先、明治二五年（一八九二）に登ったウェストンの説として（ウェストンは西麓の小渋川からのルートを採った）、広河原から急坂を登る途中に赤岩があり、その赤岩から山名が出た、と記しているという。

私は現場を見ていないので判断不能だが、文意を総合判断すると南麓・赤石沢に軍配を上げる。

085

聖岳

ひじりだけ

標高三〇一三m

〈別称〉西沢岳・西沢ノ頭《あたま》

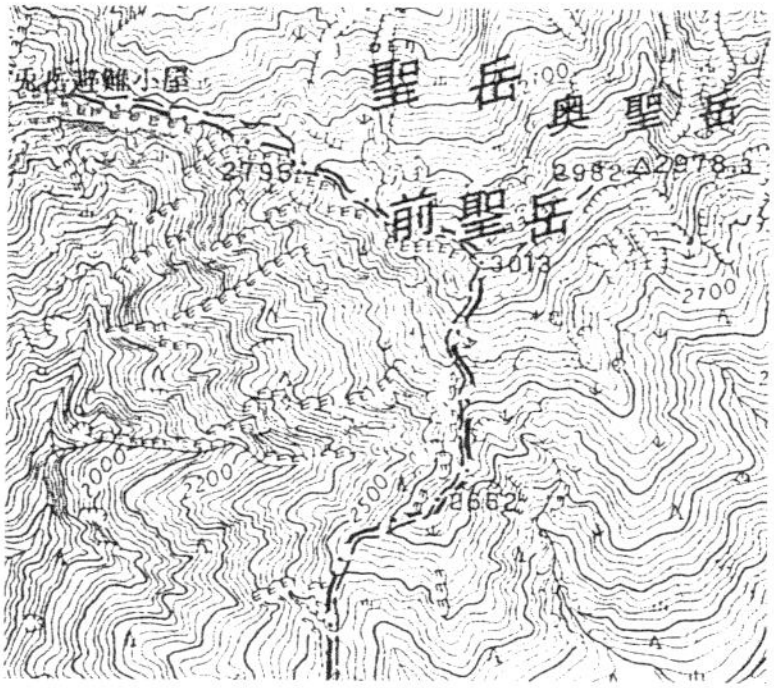

聖岳　5万分1「赤石岳」（平成15年修正）

深田『日本百名山』は、大井川の上流から入る沢をへズって（トラバースして）行くからへズリ沢の名が出、そのへズリがヒジリと訛《なま》ったのだ、という。

深田は、登山家として登山路に関連させて説明したいのだろうが、へツリとは歴《れつき》とした日本語の地形語である。福島県南会津郡下郷町に、「塔《とう》の岪《へつり》」という奇勝がある。大川（阿賀野川の上流部）が河岸の柔らかい頁岩《けつがん》・凝灰《ぎょうかい》岩などを削ってできた奇勝である。

私も幼時、菓子などを「お前の分をヘズって弟にやれ！」などと命令されたものだった。ヘズルとはケズルのk↓h転換か？　あるいは、自動詞「減《へ》る」の他動詞形なのかは不明。

086

光岳

てかりだけ

標高二五九二m
〈別称〉三隈《みくま》岳

山頂西側に露出した石灰岩が、夕日に照らされてテカテカと光ることから名づけられたものという。動詞で使われることは珍しいが、副詞「てかてか」は今でも多くの地方で使われているはず。

087

白山

はくさん

総称　最高所は御前岳（標高二七〇二m）

大汝峰《おおなんじみね》（標高二六八四m）剣ヶ峰（標高二六八〇m）（以上三山は「白山三峰」）別山《べつざん（べっさん）》（標高二三九九m）三ノ峰（標高二一二八m）（以上五峰を「白山五峰」とも）

〈旧訓〉しらやま

中生代ジュラ紀の水成岩を基盤とし、標高約二三〇〇mの弥陀《みだ》ヶ原《はら》から上は安山岩系の火山噴出物が覆う。

「白山」とは、深田久弥の言うように一一月中旬から六月中旬まで、一年の半分が「白い山」のことだった。

深田はまた、アルプス西部のモン・ブラン（標高四八〇七m）やヒマラヤのダウラギリ（標高八一六七m）もそれぞれフランス語、ネパール語で「白い山」の意で、日本で同じ山名は「白山」であると指摘する。

ただし、日本の山名では「白岳《しらたけ》」も一三ヵ所あるし、「白岳〜」もある。「白根」や

「白峰（白嶺・白峯）」も同義である。また、その「白山」と書いて「はくさん」と読む山は一八ヵ所、「しろやま」が三ヵ所ある。いちいち確認していないが、それらの多くは白山神社による伝播地名かも知れない。

088

荒島岳

あらしまだけ

標高一五二三m
〈別称〉大野富士
〈旧称〉越の黒山

新生代に噴出した安山岩系の成層火山。

『延喜式』神名帳に載る「荒島神社」の所在地と考えられる。

近世には山頂に白山三社が祀られ、山岳信仰が盛んだったらしい。明治初年、神社は西麓の大野市佐開《さびらき》に移された。

標高が百名山中九五位と低く、地味な印象の山のため、深田久弥の地元贔屓《びいき》ではないか、という評もある（深田は石川県加賀市大聖寺で生れ、旧制中学は福井中学に進学した）。

しかし、大野盆地に突出するせいで、白山の峰々ほか両白《りようはく》山地の山々から北アルプスの御嶽・乗鞍岳なども展望できる。「山高きがゆえに尊からず」という警句が当てはまる例ではないか。

089

伊吹山

いぶきやま

標高一三七七m
〈別称〉膽吹山・伊服岐山・伊夫岐山
〈別訓〉いぶきさん
〈旧称〉五十葺山

『記紀』の日本武尊伝承の舞台。日本武尊は東征の帰途、荒《すさ》ぶる神を退治するためにこの山に登ったが、その毒気に当たり、伊勢国の能褒野《のぼの》で薨じたという。

地形的には敦賀―桑名を結ぶ線は、関ヶ原を境に北東側が隆起（伊吹山地）、南西側は養老《ようろう》山地が隆起するという、本州の屈折点に当たる。

この敦賀―桑名地溝帯は、気象上でも重要な役割を果たす。冬季、若狭湾から吹き込んだ寒風が、伊吹山麓を経て濃尾平野に広がる。「伊吹颪《おろし》」という局所的季節風で、関ヶ原付近から名古屋市街地にかけて北国の様相を示す。『岩波古語辞典』は、イブキ（息吹き）とは「呼吸」であり、生命の根源として尊崇されたという。若狭湾《わかさわん》から吹き込む冬季の季節風を地球の息吹きと見たものか。

090

大台ヶ原山

おおだいがはらざん

総称　最高所は日出ヶ岳《ひのでがだけ》（標高一六九五ｍ）
三重・奈良県境に連なる台高《だいこう》山脈南部を占める
〈別訓〉おおだいがはらやま
〈別称〉大台ヶ原
〈旧称〉大平《おおだいら》

標高一三〇〇～一六〇〇ｍの稜線沿いに牛石ヶ原・正木ヶ原・西大台ヶ原の平坦面・緩傾斜面が広がり、〝近畿の屋根〟をなす。深田も言及しているが、『新釈　日本百名山』（東京新聞社　二〇一四年）の著者・樋口一郎は「台・原・山」と地形名彙を〝三連チャン〟でつけることに異議を呈している。私もまた、「大台ヶ原」までで、さらに「～山」をつけた形ではほとんど使わない。

091

大峰山

おおみねさん

総称　最高所は八剣山（八経ヶ岳　標高一九一五m）
山上ヶ岳（標高一七一九m）　大普賢岳（標高一七一九m）
行者還岳（標高一五六三m）　弥山（標高一八九五m）

奈良時代、役《えん》の行者《ぎょうじゃ》が創始した修験道の行場。北は吉野川、東は北山川、西は十津川に挟まれた山地で、南北約五〇kmの大褶曲山地である。「大峰」の名はこの山地の総称であり、北部の大峰山寺のある山上ヶ岳の別称でもある。山上ヶ岳はいまでも〝女人禁制〟の地である。

092

大山

だいせん

総称　最高所は剣ヶ峰（標高一七二九m）
弥山（標高一七一一m）　三鈷峰《さんこほう》（標高一五一六m）　矢筈ヶ山《やはずがせん》（標高一三五九m）
〈別称〉伯耆富士・出雲富士・角盤山《かくばんざん》
〈旧称〉火神岳《ほのかみだけ》・大神岳《おおかみのたけ》

一九六〇年夏、大学に入学した年の八月、当時の国立一期校に入学した顔ぶれ（男七人、女八人）で大山に登った。あとで私学に進学した連中数名から「俺たちは仲間はずれか！」と猛烈に抗議された。「俺の発案じゃない。メンバーを絞った東大一文の連中に文句を言え」と答えたが、「参加した俺も同罪だナ」と大いに反省した。

大山寺境内から弥山に登り、火口壁の南側部分だけが残った縦走路を三鈷峰付近から内壁に降りた。この山行で情けなかったのは、山頂縦走路が凹型に抉れていて、どうにも危なっかしく、私一人が女子軍よりも遅れてしまったことだった。郷里の東児島脊梁山地の山々は小学一年から遊び回っていたが、歩幅だけの痩《やせ》尾根も怖くはなかった。踏み外せば、一挙に二〇〇mほど滑落するが、平気だった。ところが大山では、二m幅もある縦走路の両側が凹型に盛り上がっているのが気になった。火山噴出物は脆《もろ》い。両側の壁もいつ崩れるか、雪山の雪庇《せっぴ》と同じではないか、と心配だった。

ところが、本書執筆中に集めた資料では、その縦走路は現在、事故があって一部閉鎖中という。五七年前の私の恐れは、あながち過剰に臆病だったわけではなかった。

下山したその夜、西腹の桝水原《ますみずはら》で二張りのテント（もちろん男女別々）を張って宿泊したが、翌朝に眺めた大山のシルエットは忘れがたい。

なお大山の成因について、私は単一時期に噴火した成層火山とばかり思いこんでいたが、今回の執筆で集めた資料で、約三万年前に噴出した安山岩系の大型火山の火口原が一度陥没してカルデラを形成、その後に山麓の鐘状火山などが噴出した複式火山だった、と判明した。

093

剣山　つるぎさん

標高一九五五m
〈旧称〉立石山・石立山・祖谷《いや》山

深田久弥『日本百名山』のこの項は、冒頭から山名談義に始まる。深田は、日本の山名で「駒」についで多いのは「剣」と指摘し、剣のつく山のほとんどは「岩が剣のように屹立しているから」とする。ところが四国の剣山だけは異なり、「頂上はなだらかな草地で、少しも剣らしいところがない」と切って捨てる。続けて、山頂近くに「大剣と呼ぶ巨岩が建っている。しかしそれをもって山全体の名とするわけにはいかない。膨大な山容から視るとそれはほんの一点景にすぎない」と断罪している。

四国・剣山地の剣山についての深田の見解には、私は全面的に賛同する。しかし、それはこの剣山だけの問題ではないのではないか。立山の劔岳も含め、すべてのツルギ地名について、登山家すべてが誤解しているように思える。（別稿「コラム参照」

094

石鎚山

いしづちさん

総称　最高所は天狗岳（標高一九八二m）
弥山（標高一九七二m）　矢筈岩（標高一八四九m）
〈別称〉石土山・石鉄山・石槌山
〈別訓〉いしづちやま
〈旧称〉伊予能高嶺

深田久弥は、この項で木暮理太郎の、ツチは「南洋系語のチュチで長老を意味し、石鎚は岩山の頭目」説を挙げている。木暮は一流の登山家だが、彼の唱えた山名語源説は没論理・非科学的、〝眉唾モノ〟があまりにも多い。それは植物学者の武田久吉《たけだきゆうきち》や地球物理学者の寺田寅彦《てらだとらひこ》らにしても、およそ〝噴飯モノ〟のニセ論理を使ってあらぬ語源説を展開している。彼らは「登山はしょせん、遊びだ。〝遊び〟なら、面白おかしいに限る」という前提で話題づくりに励んできた、と見るしかない。

095

九重山

くじゅうさん

総称　最高所は中岳（標高一七九一m）
久住山（標高一七八七m）　大船山《だいせんざん》（標高一七八六m）　稲星《いなぼし》山《やま》（標高一七七四m）　星生山《ほっしょうざん》（標高一七六二m）　三俣山《みまた》（標高一七四四m）　黒岳（標高一五八七m）　黒岩山（標高一五〇三m）
〈別称〉九重連峰・九重連山・九重火山群
〈旧称〉朽網《くたみ》山・救覃《くたみ》山

江戸時代から「九重」か「久住」か、で山名論争があった山塊。中央構造線上の別府・由布火山群と阿蘇火山群の中間に噴出した火山群で、広大な飯田《はんだ》高原を縫って別府阿蘇道路（やまなみハイウェー）が走る。

深田久弥は、「九重」か「久住」かの論争には「うっかりどちらへも加担できない」と記しているが、これには次のような経緯があった。日本の山々は古く山岳信仰の対象であったことは全国共通であるが、この九重山地でも同様であった。江戸期、豊後国直入《なおいり》郡は岡《おか》藩のほか肥後熊本藩の支配地があったが、岡藩は九重山法華院、熊本藩は久住山猪鹿狼寺《いから》が信者の管理に当たった。この両寺院の山号の違いが論争の始まりという。近代になっても、どの山頂・山体がどの山名を名乗るか論争が続き、その上、官庁側にも測量ミスがあり、個々の山名確定にミスがあったらしい。戦後も、北の玖珠郡に九重町ができ、南の直入郡久住町との間に「九重」か「久住」かの争いが続行した。のち、「九重」は総称、第二位の山が「久住」とされた。観光業界は「くじゅう」のかな書きで表記すると取り決めているらしい。

096

祖母山

そぼさん

標高一七五六m
〈別称〉祖母岳　姥岳《うばだけ》

深田の『日本百名山』はじめ多くの山岳案内書は、戦前流の「神武天皇の祖母の豊玉姫命」云々で山名由来を説こうとしている。西麓にある宮崎県高千穂町《たかちほ》を意識したものだろうが、天孫降臨の地に擬せられる「高千穂」の地名は宮崎県内の北と南に二ヵ所ある。「どちらが本当の高千穂か」などという詮索は、今はほとんど無意味だろう。ただ、のちの大大和、さらに日本国をつくる勢力が、九州南東部を起点に出発していったらしい――ということは、どうやら〝事実〟だったらしい、と認めるだけでよいではないか。

ところで、山名のソボとは何か？　登山家なら、「この山の稜線はやけに聳《そばだ》っている」などと言うはず。穀物の蕎麦《そば》も殻実が角張っていることに由来。ソバ→ソボの転は同行通音の関係。火山が多い九州では、祖母・傾《かたむき》山地は浸食地形が目だつ。

097

阿蘇山

あそさん

総称　最高所は高岳（標高一五九二m）

中岳（標高一五〇六m）　根子岳（標高一四三三m）　烏帽子《えぼし》岳（標高一三三七m）　杵島岳（標高一三二六m）　（以上　阿蘇五岳　中央火口丘）

東西一六km、南北二四kmの世界屈指の大カルデラ内に中央火口丘の五岳が噴出した複式火山で、中央火口丘の中岳は今も火山活動を継続中。

山名アソの名義については寺田寅彦「火山の名について」（「郷土」昭和六年一月号）があるが、アソ・アサマ型の火山名は英語の ash（灰）に通じるとする。世界制覇を目論《もくろ》んだ軍部に迎合した論であろう。

098

霧島山

きりしまやま

総称　最高所は韓国岳（標高一七〇〇ｍ）
新燃岳（標高一四二一ｍ）　高千穂峰（標高一五七四ｍ）　白鳥山（標高一三六三ｍ）　大幡山（標高一三五三ｍ）　夷守岳《ひなもり》（標高一三四四ｍ）　硫黄山（標高一三一七ｍ）　矢岳（標高一一三二ｍ）　栗野岳（標高一一〇二ｍ）

この項で深田久弥は、戦前の〝聖跡〟だったころの話に多くの筆をさいているが、現在、霧島連山を訪れる人には「天孫降臨の地」などという意識は微塵《みじん》もないはず。霧島連山は昭和九年（一九三四）三月、瀬戸内海・雲仙とともに日本初の国立公園に指定されたが、火山二三、山頂火口湖・爆裂火口、温泉群など多様な火山地形が展開し、北海道の大雪山とともに火山国・日本を代表する地域である。「霧島」の名は九州南部に位置し、雨・霧が多く「霧に浮かぶ島」の意と説くのはあまり納得できない。日本語シマの原義は「占める」で、「異質なものに囲まれた一画」の意だろう。

099

開聞岳

かいもんだけ

標高九二四m
〈別称〉海門岳・薩摩富士
〈古訓〉ひらききだけ

私が開聞岳に登ったのは、昭和三八年五月、一九歳一一ヵ月のことだった。「若気の至り」というか、実は東麓の国民宿舎の下駄履きで、標高九二四mの開聞岳に登ったのである。思い出すたび、冷や汗が出る思いである。

100

宮之浦岳

みやのうらだけ

標高一九三六m
〈別称〉宮ノ浦岳
〈旧称〉八重岳

最近、樹齢二〇〇〇年を超す縄文杉以上に古い屋久杉があるかもしれないと、屋久島西海岸の奥地を学術調査団が入ったTV映像が流されていた。その画面を眺めながら「まえがき」で述べたように、あの昭和三八年五月の南九州旅行がわが人生の岐路だったと思い知らされた。あのとき、事前調査をもっと厳密にして、登山装備をして参加したら、当然、私もまた屋久島・宮之浦岳登山に挑戦したはずだった。その道を選んでいたら、私も左翼学生ではなく、登山家の道を邁進してことだろう。

齢七六歳、人生に悔いはない。遂にかなうことのなかった日本の山々の美しい映像を、瞼《まぶた》の奥に秘めて、敗残の身を閉じて、なお悔いはなし。

切りとり線

★読者のみなさまにお願い

この本をお読みになって、どんな感想をお持ちでしょうか。祥伝社のホームページから書評をお送りいただけたら、ありがたく存じます。今後の企画の参考にさせていただきます。また、次ページの原稿用紙を切り取り、左記まで郵送していただいても結構です。

お寄せいただいた書評は、ご了解のうえ新聞・雑誌などを通じて紹介させていただくこともあります。採用の場合は、特製図書カードを差しあげます。

なお、ご記入いただいたお名前、ご住所、ご連絡先等は、書評紹介の事前了解、謝礼のお届け以外の目的で利用することはありません。また、それらの情報を6カ月を越えて保管することもありません。

〒101-8701（お手紙は郵便番号だけで届きます）
祥伝社新書編集部
電話03（3265）2310
祥伝社ホームページ　http://www.shodensha.co.jp/bookreview/

★本書の購買動機（新聞名か雑誌名、あるいは○をつけてください）

＿＿＿＿新聞の広告を見て	＿＿＿＿誌の広告を見て	＿＿＿＿新聞の書評を見て	＿＿＿＿誌の書評を見て	書店で見かけて	知人のすすめで

★100字書評……日本百名山　山の名はこうしてついた

名前

住所

年齢

職業

楠原佑介　くすはら・ゆうすけ

1941年、岡山県生まれ。京都大学文学部史学科（地理学）卒業。出版社勤務を経て、地名についての著述活動に入る。「地名情報資料室・地名110番」を主宰し、正しい地名の復興に尽力。『こんな市名にもういらない！』『この駅名に問題あり』『こうして新地名は誕生した！』『この地名が危ない』などの著書があり、共編著に『地名用語語源辞典』『市町村名変遷辞典』『消えた市町村名辞典』。祥伝社新書には『江戸・東京　間違いだらけの地名の由来』『地名でわかる水害大国・日本』がある。

日本百名山《にほんひゃくめいざん》 山《やま》の名《な》はこうしてついた

楠原佑介《くすはらゆうすけ》

2017年11月10日　初版第１刷発行

発行者……………辻 浩明
発行所……………祥伝社《しょうでんしゃ》
〒101-8701　東京都千代田区神田神保町3-3
電話　03(3265)2081(販売部)
電話　03(3265)2310(編集部)
電話　03(3265)3622(業務部)
ホームページ　http://www.shodensha.co.jp/

装丁者……………盛川和洋
印刷所……………萩原印刷
製本所……………ナショナル製本

Printed in Japan　ISBN978-4-396-11521-0　C0225

〈祥伝社新書〉
歴史に学ぶ

366
はじめて読む人のローマ史1200年
建国から西ローマ帝国の滅亡まで、この1冊でわかる！
早稲田大学特任教授
本村凌二

463
ローマ帝国　人物列伝
賢帝、愚帝、医学者、宗教家など32人の生涯でたどるローマ史1200年
本村凌二

361
国家とエネルギーと戦争
日本はふたたび道を誤るのか。深い洞察から書かれた、警世の書
上智大学名誉教授
渡部昇一

379
国家の盛衰
3000年の歴史に学ぶ
覇権国家の興隆と衰退から、国家が生き残るための教訓を導き出す！
渡部昇一
本村凌二

351
英国人記者が見た
連合国戦勝史観の虚妄
滞日50年のジャーナリストは、なぜ歴史観を変えたのか？　画期的な戦後論の誕生！
ジャーナリスト
ヘンリー・S・ストークス